JN014868

いのちの政治学

リーダーは「コトバ」をもっている

中島岳志
takeshi nakajima
若松英輔
eisuke wakamatsu

集英社

いのちの政治学　リーダーは「コトバ」をもっている

目次

序章　二〇二〇年春、危機の時代を迎えて

1

聖武天皇は疫病と天災にどう向き合ったのか

4

教皇フランシスコは宗教の壁を超え、声を上げられない人々の「器」になる

5 大平正芳の思想にみる今の政治が失ったものとは？

終章　二〇二一年秋、「コトバ」を失った時代に

序章

二〇二〇年春、危機の時代を迎えて

二人の「リーダー」の演説

中島　「いのちの政治学」と題したこの対談では、政治家や運動家など、過去に存在したさまざまな人物の歩みを振り返りながら、私たちに今必要な「リーダー」というもののあり方を改めて考えていきたいと思っています。

「リーダー」のあり方を再考する必要性を切実に感じたのは、我が国の首相、安倍晋三氏が二〇二〇年二月二九日に行った、新型コロナウイルス対策に関する記者会見のときです。あの会見で、首相はそばのプロンプターに映し出された原稿をひたすら読みあげるだけで、自分の言葉で語ろうとはまったくしませんでした。記者からの質問に対しても、事前に官僚が作成した回答を読みあげるのみで、他の質問は無視。質問できなかった記者が「まだ質問があります」と叫んでも、首相は振り返りもせずに去っていきました。

おそらくこのときに限らず、私たちはもう何年も、安倍首相という人の「声」を聞いていないのではないでしょうか。首相という一国のトップでありながら、誰かが用意したものをただ読みあげるだけの、非常に空虚な存在になっている、そのことがよく表れていた会見だったと思います。

しかも、会見を目にする国民のほうは「イベントは中止しなきゃいけないのか」「これからの生活はどうなるのか」と、非常に大きな不安を抱えていたはずです。それに向けて、最低限の補償すらも示さず、「同じ苦しみの地平に立っている」という感覚を与えることさえできなかった。いわゆる「森友問題」では、公文書の改ざんを強要されて自殺に追い込まれた財務省近畿財務局職員の遺書が出てきてもなお、いまだしっかりとした説明がなされていませんが、それとも共通する日本政府の態度をよく表した会見だったといえます。

一方、安倍首相の会見と非常に対照的に映ったのが、三月一八日に行われた、ドイツのメルケル首相のテレビ演説でした。彼女は、コロナ危機について国民に向けて、こう語りかけています。

これは、単なる抽象的な統計数値で済む話ではありません。ある人の父親であったり、祖父、母親、祖母、あるいはパートナーであったりする、実際の人間が関わってくる話なのです。そして私たちの社会は、一つひとつの命、一人ひとりの人間が重みを持つ共同体なのです。（二〇二〇年三月一八日、駐日ドイツ連邦共和国大使館ウェブサイトより）

つまり世界中で、新型肺炎の致死率はこのくらいで、死者は何人で、それをこれからどのくらいの規模に抑えて……といった「数字」によってコロナ危機を語る言説があふれている中で、彼女は「抽象的な数字の問題ではない」といい切ったわけです。そうではなく「生きた人たち」の話なんだと明確に、しかも非常にクリアでやさしい言葉で国民に投げかけているんですね。

その後、「戦いの最前線」に立つ医療関係者や、食料品などの供給を担うスーパーの店員などに感謝の言葉を述べ、国民に協力を呼びかけます。

誰もが等しくウイルスに感染する可能性があるように、誰もが助け合わなければなりません。まずは、現在の状況を真剣に受け止めることから始めるのです。そしてパニックに陥らないこと、しかしまた自分一人がどう行動してもあまり関係ないだろう、などと一瞬たりとも考えないことです。関係のない人などいません。全員が当事者であり、私たち全員の努力が必要なのです。

感染症の拡大は、私たちがいかに脆弱な存在で、他者の配慮ある行動に依存しているかを見せつけています。しかしそれは、結束した対応をとれば、互いを守り、力を与え合うことができるということでもあります。（中略）

誰も孤立させないこと、励ましと希望を必要とする人のケアを行っていくことも重要に

なります。私たちは、家族や社会として、これまでとは違った形で互いを支え合う道を見つけていくことになるでしょう。(同)

この文章を読んで、私は我が国のリーダーとのあまりの落差に愕然としました。若松さんは、どう感じられましたか?

若松 今日の日本のリーダーとメルケル首相との決定的な違いは、その言葉の「方向」だと思います。

日本のリーダーの話は、「私が考えていることを国民に伝える」というかたちをとっています。しかし、メルケルがやったのはそのまったく逆で、「あなたたちが思っていることを、私が言葉にして伝える」ということだったと思います。つまり、メルケルが語ったのは、メルケル自身の言葉であると同時に、みんなが気づいていて、けれど言葉にできなかった思いだったのではないでしょうか。

スーパーマーケットの売り場で働く人たち、あるいは宅配便や郵便を運ぶ人たちといった、賃金からいえばおそらく高いわけではない職種の人たちが、これほどまでに社会を支えていたことを、私たちは今回初めて実感したと思います。そのように、平常時に見ていた社会とまったく違う社会の実相を今私たちは見ているということを、メルケルはまずいいたかった。

その上で、この状況を乗り越えるには協力し合うほかはないのだとみんなが感じている、それを改めて言葉にして示してみせた。これこそリーダーの役割ではないかな、と思いました。

中島　この会見では、こんなことも語られます。

感謝される機会が日頃あまりにも少ない方々にも、謝意を述べたいと思います。スーパーのレジ係や商品棚の補充担当として働く皆さんは、現下の状況において最も大変な仕事の一つを担っています。皆さんが、人々のために働いてくださり、社会生活の機能を維持してくださっていることに、感謝を申し上げます。(同)

スーパーのレジ係への謝辞に象徴されるように、メルケルの言葉を聞いた国民は、「首相は国民のほうにしっかりと目を向けている」という感覚、首相と自分がつながっているという感覚を非常に強くもつと思うんですね。そういう象徴的な言葉をこれほどクリアにわかりやすく発する政治家を、久しぶりに見たと感じました。

また、もう一つ、私が彼女を素晴らしいと思うのは、自分の言ってきたことが間違っていたと気づいたときに、きちんと転換ができる人だということです。

それがよく表れていたのが、原発の問題ですね。ドイツは福島第一原発事故の後、当事者である日本以上に大きな方向転換をしました。二〇一一年五月に、「二〇二二年末までに全原発を停止する」と、「原発を手放す」方向性を明確にしたのです。

若松　メルケルは、世界を冷静に見る「目」と人の心を見る「眼」、両方の視座をもつ人だという気がします。冷徹なまでの現実主義と、人の心の痛みを感じとる力とが、彼女の中には併存している。これは、リーダーにとってかけがえのない資質ですよね。

日本の政治家を見ていると、冷徹な現実主義のほうだけで、もう一つの「眼」を具《そな》えていないと感じる人が多いのが怖いですね。人の痛みを感じることができず、冷徹な「目」でだけものを見て行動するリーダーは、必ず間違うと思うのです。

中島　しかも、困ったことにその冷徹なはずの目までが濁っている政治家も多いように感じます。

言葉を超えた「コトバ」とは

中島　哲学者の井筒俊彦[*1]は、言語によって伝えられる「言葉」とは別に、その人の態度や存在そのものから、言葉の意味を超えた何かが伝わってくるようなものを「コトバ」と呼びました。大切な思いが「言葉」にならないことって、私たちにはよくあると思います。

「言葉」にならないからといって、その思いが存在しないというわけではありません。時に沈黙のほうが雄弁であることさえあります。「言葉」を超えた「コトバ」の世界があると思うのですが、若松さんのおっしゃる「人の心を見る眼」を具えた人は、この「コトバ」で伝えることのできる人でもあると思います。

私はドイツ語がまったくわからないのですが、それでもメルケルの演説を聞いているとどこかぐっと迫ってくるものがある。それは、彼女が言葉だけではなくコトバを発しているからだと思うのです。

若松　華美な表現が使われているわけでもなくて、非常に冷静に、率直に話をしているだけなのに、それ以上のものが伝わってきますね。言葉以上のコトバが、そこにあふれているということだと思います。

韓国の康京和《カンギョンファ》外相の会見にも、同じことを感じました。彼女もやっぱり言葉だけではなくコトバを発している人だ、と。「私たちはこんなことをやりました」というだけではなく、「私たちの経験を、世界の経験として生かしてほしい。私たちも他の国の経験から学ぶ」という態度がはっきりと表れていた。そうした、「危機になればなるほど開かれていく」という姿勢も、リーダーにとってとても大事だと思います。

中島　政治家ではないのですが、私が「コトバが語られている」と感じたのは、日本相撲協会の八角理事長が、二〇年三月場所の千秋楽で挨拶したときです。彼は話し始めに、ぐっと涙を堪《こら》えるように黙り込みました。そして、「元来、相撲は世の中の平安を祈願するために行われて参りました」と話し、最後に新型コロナウイルスによって亡くなった人たちへの哀悼の意を述べたのです。

これもまた、非常に平易な表現でしたが、「コトバがあふれている」ところがあったと感じました。それはやはり、この状況下で開催していいのかどうかを悩み、最終的に無観客でやる、しかし一人でも感染者が出たら中止するというぎりぎりの選択をした八角理事長の、さまざまな葛藤や苦しみが表れていたということだと思います。逆にいえば、我が国のリーダーには、そうした葛藤や苦しみがないから、コトバが表れてこないのではないかと思うのです。

若松　プロンプターに映し出される言葉とは違って、コトバはその人の中からしか出てきません。内在するものがなければ、コトバは何も出てこないのです。

メルケルにしても康京和にしても八角理事長にしても、それまでの政策や行動への評価はさまざまかもしれません。それでも、彼らの中には言葉を超えて蓄えてきたものがずっとあり、それが今回のような危機の状況になって一気に湧出してきたということだと思います。

中島　勉強ができるとか、哲学を知っているとか、そういうことではないんですよね。

誠実に、真摯に現実と向き合い、葛藤しながらいろんな痛みを経験してきた人間からは、おのずと言葉にならないコトバが発せられてくる。それを人はどこかで感じとるからこそ、その人と一緒にやっていこうと思えるわけです。そうしたコトバを発せられる人こそがリーダーなのではないでしょうか。そのコトバが我が国のリーダーには存在していないということが、今回の危機であぶり出されたと思っています。

若松　コトバを生み出すのは、「無私」の精神だと思います。ここでいう「無」は、「私」を無くすということではなく、超えていくということです。英語でいえば「no self」ではなく「beyond self」、私自身を包み込みつつも私を超えていくというイメージです。それができていることが、コトバが発せられるための最低条件だと思うのです。

「私」を超えるということは、代わりに何かが前に出てくるということです。それは場合によって民衆の声であったり、相撲の歴史であったりするけれど、自分よりも前に出てくるものがあったときにコトバが発せられるのだと思います。

「自分を超えて何かを前に出す」というのは、なにも特別なことではなくて、たとえば親と子の関係などではしばしば見られるあり方のはずです。しかし、それを政治の場、あるいは危機が迫っているような場面で実行できる人は非常に限られている。それをできる人こそが、リーダーなのだと思います。

「命の統計学」から「いのちの政治学」へ

中島　言葉とコトバの話に続いて、この本のタイトルにもしている「いのち」についてもお話ししていきたいと思います。

私は「いのち」という言葉を、肉体的な生命を指す漢字の「命」よりももっと幅広い、人間の尊厳などを含み込んだ概念を指す言葉として使っています。私たち人間は、単に命だけを生きているのではない。身体は生きていても、いのちが失われてしまうことはあるし、逆に命は失われても、いのちが生きていることはあり得る。自由を奪われ従属を強いられた奴隷は、命はあっても、いのちが消えているかもしれない。死者は命がなくても、多くの人に想起され、振り返られることでいのちを保っている。そういう関係性が存在していると思うのです。

新型コロナウイルス感染症によって何人死亡した、陽性反応が何人出たなど、数値化したデータが表すのは、この「命」のほうだけの問題です。しかし、そこで問題になるのは、では「いのち」のほうはどうなのか、ということ。病気にかかったかどうかにかかわらず、私たちは今、誰もがいのちの危機に瀕しています。そこにどういうメッセージを届けられるかが、リーダーにとって非常に重要ではないかと思うのです。
今の政治においては、統計的な数値によって表される命の問題ばかりが語られがちです。この「いのちの政治学」の対談ではそうではない、「いのち」に語りかけるようなコトバや政策とはどういうものなのかを考えたいと思っています。

若松　「命」というのは、計量かつ論証可能なもの。対して「いのち」とは、計量も論証も不可能で、けれどたしかに存在すると実感できるものだと思います。私たちにとっては両軸がどうしても必要であって、メルケルの話も、その両方をしっかりと見据えているからこそ私たちの胸に響くのではないでしょうか。
数字や言葉だけでは示せない、「いのち」というものをどう分かち合っていくのか。それが「いのちの政治学」だと思います。

中島　若松さんは最近、こんなツイートをされていました。

愚劣な政治は「いのち」を簡単に量に換算する。数字で語る事で理解したと思い込む。だが、現実はまったく違う。病むのはいつも誰かの大切な人であり、世界でただ一つの存在だ。これが「きれいごと」にしかならないなら、文学も哲学も芸術も不要だろう。これらはつねに、「いのち」の表現だからだ。（二〇二〇年三月一四日）

おっしゃるとおりだと思います。そして、計量可能な命の面ばかりを語ろうとする人たちはいつも、その「量」をごまかそうとします。被害を小さく見せようとし、逆に危機を煽《あお》ろうとするときには数値を大きく見せようとする。それがこれまで行われてきた「命の統計学」だったのではないでしょうか。私は、そこにコトバを突きつけることで、それとは違う「いのちの政治学」の地平を拓いていきたいと思うのです。

「命の統計学」の象徴が、水俣病の問題ですよね。被害をとにかく小さく見せようとごまかしが続けられた結果、救えたはずの多くの命が失われていった。そして、人としての尊厳や社会関係といういのちまでもが奪われた。私たちが水俣から学ぶべきことは、非常に大きいと思います。

若松　現代においては、「数ではっきりと示せない」ことと、「存在しない」ということが、同じこととして扱われるようになっている気がします。でも本来、その二つはまったく別のことのはずです。

たとえばアウシュビッツなどにおけるユダヤ人虐殺について、六〇〇万人も殺されたなんて嘘だ、だからジェノサイドではなかった、などと主張する人がいます。しかし、ジェノサイドというのは、亡くなった人の数の問題ではないのです。仮に六〇〇万人という数字に誤りがあったとしても、亡くなったのが一人だったとしても、アウシュビッツで行われたことは許されてはならないはずです。

中島　私の専門の政治学で必ず学ぶことの一つに「統治の原理」というものがあります。ある国が植民地を支配するときに何を重視するかということなのですが、その大原則が「数を数える」ことと「分類する」ことなんです。

たとえば、イギリスによるインドの支配においても、最初に行われたのはインドの人々に「宗教は何か」「カーストは何か」といったことを尋ねて集計する、いわば国勢調査でした。実はそれまでのインドでは、宗教の境界線は曖昧で、ヒンドゥー教徒とイスラム教徒が明確に区分されていたわけではなかったのです。そもそも、ヒンドゥー教という概念が成立しておらず、一枚岩の宗教という認識もなく、さらにカーストの区別も明確ではありませんでした。イギリスはそれを無理やり、あらかじめ分類したカテゴリーにあてはめていきました。どういう分類の人がどこに何人住んでいるのかを把握することで、徴税をはじめとするいろんなシステムをつくっていくというのが、近代国家の原理だからです。

私は、この数と分類による「統治の原理」を超えたところにこそ、本当の政治があるのではないかと思っています。そして、そこを知るためには、いわゆる政治学だけではなく、文学や宗教といったものに接近していく必要がある。そこから「いのちの政治学」が見えてくると思うのです。

「コトバ」を待つ――石牟礼文学を生み出したもの

中島　先ほど水俣の話にふれましたが、『苦海浄土』などの作品で水俣病の人々の苦しみと向き合い続けた作家・石牟礼道子[*2]さんも、「いのちの政治学」を考える上で重要な人物だと思います。

というのは、石牟礼さんこそはまさに「コトバ」の人だったと思うからです。私は生前、一回だけお会いしたことがあるのですが、非常に印象的だったのが、石牟礼さんが、お話ししているときに「躊躇なく沈黙する」ことだったんですね。

若松　よくわかります。私も石牟礼さんとは晩年、親しくさせていただいたのですが、あの沈黙は最初、とまどいますよね。

中島　こちらが何か聞いても、一分くらいじーっと黙って返事をなさらないことがよくあるんですよね。でも、それは「何かいいことを言ってやろう」と考えているわけではまったくない。何らかのコトバがやってくるのを、耳を澄ませて待っているがゆえの沈黙だったと思うのです。「語る」ことすら奪われてしまった人たちの「声なき声」にそうして耳を傾けることによって、石牟礼文学は成立していた。その意味で、『苦海浄土』はノンフィクションともまた異なる文学だといえると思います。

若松　さっき述べた、コトバが生まれてくるのは無私になったときだというのは、日常においては私たちの「言葉の玉座」には自分自身が座っているからです。そうして「私」を語ろうとしている間は、コトバは降りてきてくれない。石牟礼さんは沈黙している間、玉座に座るのでなくその横で待っていたのだと思います。そこで何ものかが彼女にコトバを託し、語り始めるまでの時間が、「一分間の沈黙」だったのではないでしょうか。

現代においては、表現といえばすぐに「自己表現」となりがちですが、石牟礼さんのように、逆に自己を手放すことによって表現できる人たちというのもたしかに存在している。そして、リーダーというのも、そういう人でなくてはならないと思うのです。

自己を語るのではなく何ものかに託されたコトバを語るわけですから、時には自己を否定しなくてはならない場合もある。先ほど中島さんがおっしゃった「過去の過ちを認めて転換できる」のがメルケルのすごいところだというのも、そういうことではないでしょうか。今、発言することで、かつての自分の発言が否定され、糾弾されることになるかもしれない。けれど、それが、時代が私に託してきたコトバである以上、語らざるを得ない、ということだったと思うのです。

中島　対して日本の政治家の多くは、過去の自分にずっとしがみついているから、そうした「転換」ができないんですね。

私は大学でヒンディー語を学んだのですが、最初につまずいたのが「与格《よかく》」という文法の構造でした。これは、感情表現などが典型的なのですが、「私は悲しい」というときにも、主語を「私」にしないんです。直訳すると「私に悲しみがやってきて、とどまっている」という言い方をするんですね。これは言語についても同じで、「私はヒンディー語を話せます」というときは、「ヒンディー語が私にやってきて、とどまっている」という言い方をする。私が主体として「何か」をとらえるのではなく、私にやってくる「何か」が存在しているという考え方なんです。

そして、その「何か」は、自分を超えたところからやってくる、私にはコントロールできないもの。私はその「何か」を受け止める器にすぎない、という感覚ですね。この「何か」こそがコトバだと思うのです。堪えても流れてくる涙や悲しみで震える手は、言葉以上のコトバです。こうした「与格」的な姿勢こそが、人の胸を打つ。その本質を、インドの人々はよくとらえていたのではないかと思います。

「弱くあること」から学ぶ

中島　もう一人、石牟礼道子と並ぶ「コトバ」の人であったと私が考える文学者が、広島での被爆体験をもつ作家・原民喜[*3]です。

彼は一九四四年、三八歳のときに一一年間連れ添った妻を病気で亡くしているのですが、病床にいる妻を前にしてこんなことを書いています。

もし妻と死別れたら、一年間だけ生き残ろう、悲しい美しい一冊の詩集を書き残すために……（「遥かな旅」、『原民喜戦後全小説』、講談社文芸文庫）

それほどまでに、原にとって妻は大きな存在であり、精神的な支柱でもありました。人付き合いの苦手だった原は、妻が隣にいなければまともに会話もできなかったともいわれています。

しかし、実際には彼は、妻が亡くなった後も、自死を選ぶまで六年あまりを生きることになります。なぜかといえば、原爆に遭ったからです。原の実家は広島の爆心地近くにあり、そこで被爆した彼は、多くの人があまりにも「無造作な死」を迎える凄惨な光景を目の当たりにすることになりました。

いわば、それまで生きてきた現実の世界が根底から崩壊してしまった。そのときに原は、自分には生きて発しなくてはならないコトバがある、命は絶えてもいい、けれどいのちを生きるためには死者とともに語らなくてはならない、と考えた。そうして書かれたのが、『夏の花』などの作品だったのだと思うのです。

原の作品は、人が危機におかれたときにどのようなコトバがあり得るのかということを考える上で大きな意味をもちます。今また病による危機にさらされている私たちにとって、重要な問いかけだと思います。

若松　私は原民喜とは縁があって、『夏の花』に出てくる場所を何度か歩いたりしたこともあるのですが、彼は決してもともと強い人ではない、むしろ非常に繊細で、ある意味では弱い人だったと思います。それが被爆後も生きてあれだけのものを書いたというのは、生命をもちながら新たに生まれ変わることで、とてつもなく強くなった人なのだと思うのです。おっしゃるように、彼の思いが命からいのちへと移ってゆくのも、必然だったのではないでしょうか。

中島　この「弱さ」というのも、「いのちの政治学」における重要なキーワードです。

というのは、今のような危機のときには、どうしても「弱い存在」が見えなくなっていくからです。たとえばホームレス状態にある人、難民や在日外国人……。その人たちに十分な情報が行き渡っているのか、居場所は確保されているのかといったことが、危機の中で見えなくなってしまう。そこに目を向けるためには、「自分たちはみな弱い」ということを前提にしなくてはならないと思うのです。

私たちは誰しも、赤ん坊のときには母親の乳房にしゃぶりつかなくては生きられなかったし、ある年齢になれば誰かに支えてもらわなくては生きていかれなくなる。あるいは、どんなに金持ちであっても、実は非常な孤独を抱えているということもあります。つまり、強者のように見えたとしても、それは「たまたま今、ある側面において強い」ということであって、強者と弱者は背中合わせの存在にすぎないわけです。

そのことを常に自覚して、普遍的な弱さという前提に立つことで、他者の弱さが見えてくる。それが、社会の中に分断を生まないための非常に重要な方法だと思います。

若松　人が弱さを自覚するのは、誰かに「助けられた」ときだと思います。自分が助ける側に立っているときは自分の弱さは見えなくて、助けられる立場になったときに初めて世界が違って見えてくるし、自分が助けるべき人のことも見えてくる。今、人を助けることも大事だけれど、「助けられる」ことも私たちにはとても大切な経験だと思うのです。

だから、今の政府が常に「自分たちが国民を助けてやる」という態度であることがとても気になります。本当は、リーダーこそ「弱い」人、「助けてもらう」ことのできる人でなくてはならないと思うのです。弱いからこそ支えようとする人が出てくるのであって、強いことを誇りにするリーダーは絶対に孤立していくのではないでしょうか。

中島　知らないことに出合ったときに「わかりません、教えてください」と言えたり、自分の失敗を率直に認めたりできる、自分の弱さを見せられる人のコトバこそが、人の胸を打ちます。そういう人は、弱いからこそ本当の意味で「強い」のだと思うのです。

若松　弱さを自覚することなく、他人を助けることはできないと思います。弱さを見せられない人が他人を助けたとしても、それは「施し《ほどこ》」になってしまう。私たちがやらなくてはならないのは、施しではなくて「共有」なんだと思うのです。

だから、今、やるべきことがあるとすれば「弱くあることから学ぶ」ことに尽きると思います。

たとえば今、私たちは仕事をしたくてもなかなかできない状況にある。でも、コロナのことがなくても、病気や家庭の事情などで働きたいけれど働けないという人たちは一定数いたわけです。それが当たり前なんだ、私たちはそういう人たちとともに生きているということを、多くの人が実感できるといいと思います。

中島　そうですね。自由に外出できないという状況になって初めて、たとえば重度障害のある人が世の中をどういうふうに見ていたのか、その一端を私たちは感じられるようになったわけです。その地平を拡大させたいですね。

若松　最近、出かけるとき、マスクを手にとったときなどに、よく福島のことを思います。すごく天気がよくて気持ちのいい日なんだけれど、マスクをつけた瞬間にその光景が一変して見える。ああ、福島の人たちはずっとこういう日常で生きていたのか、と感じる。今の危機的な状況になって、やっと私たちはほんの少しでも、彼らの痛みを共有できるようになったのかもしれません。そこからも学びたいと思っています。

ファシズムが破壊しようとするもの

若松　私が「弱さ」とともに重要だと思うのは「小さくあること」です。私たちは、万人を救うことはできません。気持ち的にはそうしたくても、能力も、行動範囲もいつもより狭まっている。その中で、この危機を切り抜けるためには、小さく深くつながっていくしかないのではないか。小さくて強い共同体をつくり直して、それをさらにつないでいくしかないと思うのです。

このコロナ危機の中で、アルベール・カミュ[*4]の『ペスト』が非常に読まれているそうですが、あの小説におけるペストは、ファシズムのメタファーでもあります。

今の日本は「伝染病」とファシズム、両方の意味において、物語に描かれている状況とそっくりだと感じました。だから今、ファシズムが破壊しようとするものを守ることが非常に重要になっていると思うのです。

たとえばハンディキャップのある人たち、芸術、人種の交わり、そして小さな共同体。そういうものをファシズムはとても嫌った。だから、それらを守ることはそのまま、ファシズムに抵抗する力になるんだと思うのです。

『ペスト』の原型ともいうべき作品に「ペストのなかの追放者たち」(『カミュ全集2』、宮崎嶺雄訳、新潮社)という短編があります。ここでカミュは、結局ペストが人間にもたらしたのは、「別れ」、「別離」だったとも書いています。ここでの「ペスト」も、やはりファシズムのメタファーですから、「別れ」の中には、誰かが亡くなったり、会いに行けなくなるといった物理的な別れだけでなく、価値観の対立といったこともおそらく含まれる。私たちは今、そういう状況に直面しつつあるんだということが、もっと共有されるべきだと感じています。

中島　『ペスト』には、病原菌――つまりファシズムに対して、逃げる人も迎合する人も、いろんなタイプの人が登場するのですが、その中で「ペストと戦う唯一の方法は、誠実さということです」（宮崎嶺雄訳、新潮文庫）という言葉が登場します。あれはとても印象的でした。今の状況下でも、誠実に生きるということの延長上に、ファシズムへの抵抗があるのではないかという気がしています。

もう一つ、今の日本の状況と重なると感じる本が、エーリッヒ・フロム[*5]の『自由からの逃走』です。ナチスの台頭に至ったドイツの状況を考察した本ですが、ここにも現在日本で起きている問題が描かれていると思います。

つまり、ナチス以前、ワイマール政権下のドイツでは、非常に民主的な憲法のもと、すべての人々に広く自由が認められました。しかし、そうして自由が与えられたことによって、人々は逆に権威を求め始める。自分たちで何もかもを決めるのはもう疲れた、誰かが決めてくれたほうが楽だという考えが広まっていき、やがてナチスの台頭へとつながっていく。自由であるがゆえに自由から逃げてしまう、という構図ですね。

非常事態宣言を待ち望む声の多さなどを見ても、不安に耐えきれず、誰かの強い言葉によって私たちを仕切ってほしいという空気が、今の日本にも漂っているように感じます。でも、そうした空気がファシズムを招き寄せたことは、歴史が証明している。私たちは、それとは違うかたちのリーダーを生み出さなくてはならないんだと思うのです。

若松　それがまさに、先ほど話に出た「弱いリーダー」なのではないでしょうか。

中島　そのとおりです。弱さを見せられる、「私は弱い、だから一緒にやっていこう」といえるリーダーこそが今、必要なんだと思います。

いのちとつながる政治を取り戻すために

中島　今、この危機的な状況において、検査体制が整わない、医療現場が疲弊している、思い切った経済政策が打ち出せないなどの問題が山積しているのは、明らかに日本が「小さな政府」を志向してきた結果だと思います。合理性を追求する新自由主義のもと、さまざまなものを切り捨ててきた末に、私たちはこれほどまでに危機に弱い体制をつくりあげてきてしまったわけです。

小さな政府というのは、福祉などをアウトソーシングすると同時に、責任もアウトソーシングしてしまうということなんですね。自分たちで全部決めてくれ、政府は責任をとらないよ、という体制なわけです。イベントを自粛しろとはいわれるけれど、何の補償もないからリスクはすべて自分たちで負わなくてはならない。それでは生きていけないから自粛せずにリスクを負ってでも開催しようとすると「危機感が足りない」と罵倒されてしまう。国民と政府との間には、信頼関係がまったく成り立たない。それが、小さな政府を追求してきた末の現状なんですよね。

若松　これは、福島第一原発事故のときも感じたことですが、新型コロナウイルスによって新たなリスクが生まれたわけではありません。以前からあったリスクが、コロナによって露呈したにすぎない。

もともと原発は危険だったけれど、その危険性が東日本大震災によって露呈した。今回も、もともと医療体制などが脆弱だったという現実を、新型コロナウイルスが露呈させたわけです。ともすると、「日本の医療には十分なキャパシティがあったけれど、これだけ流行が拡大してくると足りなくなる」という話にすり替えられがちですが、そこははっきりさせておかなくてはならないと思います。

この状況が「小さな政府」の結果だというのも、まったく同感です。その象徴ともいえるのが、私は図書館だと考えているんです。

図書館は、本来は単に本を貸し出すだけではない、「避難所」としての役割もあったはずなんです。事実、夏休みが明けた九月一日には、教室に行けなくて図書館に「避難」する子たちがたくさんいる。そこまでいかなくても、嫌なことがあったときに図書館に行って本を読んでいたなんていう経験は誰にでもあると思うのです。

その図書館をすら、この国は民間にアウトソーシングし続けてきました。結果として、

「頼まれたら本を出して渡す」だけの、機能的なコインロッカーみたいになってしまった図書館が少なくありません。一方で逃げ場を失って、自ら命を絶ってしまう子どももたちもいます。

いのちの視点から見ればとても大事なものが、「無駄」だとして効率に置き換えられてしまう。そういう意味で、図書館の現状は今の危機的な状況とも密接につながっているのではないかと考えています。

中島　こうした状況を変えるためには、やはり「いのち」とつながった政治を取り戻さなくてはならないのだと思います。そのための知恵を歴史から見出したい、過去のリーダーや政治家の言動に学びたいというのが、この対談の趣旨です。

最初は聖武天皇を取り上げたいと考えています。奈良の大仏を建立《こんりゅう》した人として知られていますが、あの大仏は単に「大きなものをつくりたい」というだけでつくられたものではありません。疫病の流行が続き、ものすごい勢いで人が亡くなっていく、遷都を繰り返したけれども状況はいっこうに改善されない……そのときに聖武天皇がやろうとしたのは、「みんなで心の中に大仏をもとう」ということ。まさに「いのちを守ろう」ということだったのだと思います。

さらに、それに呼応して大仏建立などの工事を担った仏僧、行基《ぎょうき》のことも取り上げたいと考えています。彼らもまた、一方的に国民に命令をするのではなく、ともに厄災《やくさい》に向き合っていこうとする「弱いリーダー」だったのではないかと思うのです。

若松　聖武天皇の意を受けて動いた行基のもとには、さまざまな民衆がいたはずです。そういう人たちが、中には、罪を犯したりして世の中から排斥されていた人もいたでしょう。そういう人たちが、行基を「扉」にしながら天皇とつながって、世の中を支え、社会を変えていった。そのように「扉」になりながら民衆の底力を体現していった人ともいえるのではないかと思います。

海外の人物なら、アウトカーストの人たちとともにインド独立を目指したガンディー、社会から排斥されていた黒人たちを率いて公民権運動を進めたキング牧師などにも、同じことがいえます。

未来に向かって何かを試みるときには、そうして歴史と深くつながることが不可避だと思います。現在の知恵だけで未来に足を進めようとするのは、とても危険です。

中島　おっしゃるとおりです。過去のリーダーたちの歩みを振り返ることで、政治というものの本質をあぶり出し、私たちが目指すべき「いのちの政治学」の姿を見出したい。そこから、いのちを見捨ててきた今の政治に代わる、もう一つの選択肢が見えてくるのではないかと思うのです。

註

1
井筒俊彦
一九一四〜九三。哲学者、東洋思想研究者。慶應義塾大学名誉教授。東京生まれ。日本で最初の『コーラン』の原典訳を刊行し、イスラム哲学、イスラム神秘主義と言語学の研究に取り組む。仏教思想・老荘思想・朱子学なども視野に入れ、東西の哲学・宗教を横断した独自の「井筒哲学」を構築した。著書に『イスラーム思想史』『意識と本質』などがある。

2
石牟礼道子
一九二七〜二〇一八。作家。熊本県生まれ。水俣病への関心を深め、一九六八年に水俣病対策市民会議を結成。患者たちの代弁者として『苦海浄土　わが水俣病』(六九年)をまとめあげる。『苦海浄土』の連作を加筆し、二〇〇四年「石牟礼道子全集」に収載。著書に『椿の海の記』『十六夜橋』『はにかみの国　石牟礼道子全詩集』などがある。

3
原民喜
一九〇五〜五一。作家。広島県生まれ。慶應義塾大学卒。四四年に妻が病死。四五年広島に疎開し、被爆。被爆体験をつづった『夏の花』を四七年に発表。五一年に鉄道自殺する。著書に『災厄の日』『心願の国』などがある。

4
アルベール・カミュ
一九一三〜六〇。フランスの作家、劇作家。アルジェリア生まれ。第二次世界大戦の際、レジスタンス運動に参加。五七年ノーベル文学賞受賞。著書に小説『ペスト』『異邦人』、戯曲『カリギュラ』、評論『シーシュポスの神話』などがある。

5

エーリッヒ・フロム

一九〇〇～八〇。アメリカの精神分析学者、社会心理学者。ドイツ生まれ。ナチスに追われて、三四年アメリカへ亡命。新フロイト派の代表者の一人で、社会的性格論を展開。著書に『自由からの逃走』『正気の社会』などがある。

1

聖武天皇は疫病と天災にどう向き合ったのか

聖武天皇

七〇一～七五六。第四五代天皇。文武天皇の第一皇子。在位は奈良時代の七二四～七四九年。藤原不比等の娘・光明子を皇后とした。二度の遣唐使を派遣し、仏教を厚く保護した。東大寺の他に、諸国に国分寺・国分尼寺を建立。東大寺の大仏造立の勅願を出す。遺品は正倉院御物として有名。

大仏建立の背景にあったもの

中島　この章では、奈良時代の天皇である聖武天皇についてお話ししたいと思います。私が彼を取り上げたいと思った最大の理由は、聖武天皇という人が、私たちがまさに今直面しているのと同じ問題――「疫病」と向き合わざるを得なかった為政者だということです。

聖武天皇の治世であった奈良・天平の時代には、「死の病」として恐れられていた天然痘の流行が何度もありました。もちろん、歴史上の出来事を安易に現代にスライドさせて考えることには問題もありますが、疫病という厄災に直面した為政者が何を考え、どう立ち向かったのか。そこにはやはり普遍的な側面があると思うのです。

内村鑑三[*1]は明治の大きな転換期に『代表的日本人』を書き、過去のさまざまな人々の生涯から学ぼうとしました。今、同じく大きな転換点に立たされている私たちは、内村が行った試みを継承する必要があるように思います。

聖武天皇の時代には、疫病に加えて、大きな地震や大火災なども何度も起こりました。災害と疫病とがセットになって襲いかかってきたわけです。

そのときに聖武天皇が掲げたのは「鎮護国家」――仏教によって国家の安泰を守るという

発想でした。そのもとで、現在の私たちから見れば突拍子もない事業に取りかかります。それが、東大寺にある「奈良の大仏」――巨大な盧舎那仏《るしゃなぶつ》の像を建立しようというプロジェクトだったのです。

これ自体には、賛否両論あるでしょう。ただ、注目したいのは大仏建立そのものの是非ではなく、なぜ彼がそんな発想に至ったのか、そしてそのプロジェクトをどのようなプロセスで進めていったのかということです。大仏建立といえば、「庶民を動員して苦役《くえき》を強いた」というイメージで語られがちですが、そこにはまったく違う側面があったのではないかと思います。

聖武天皇が大仏建立にあたって発した「盧舎那仏建立の詔」[*2]という文書（以下、「大仏建立の詔」）があります。序章で政治家の「言葉」と「コトバ」の問題について話しましたが、その観点からいえば、この「詔《みことのり》」は今こそ読み返すべき、一級の政治家のコトバだといえるでしょう。そこには、現代の政治家からほとんど発せられない、いくつもの重要な発想が含まれている。そしてそれは、このコロナ危機を乗り越えるための核心にもなり得るのではないかと思うのです。

若松　私は、聖武天皇が残した最大の遺産は、彼の懊悩《おうのう》であり苦しみだと思っています。もちろん、紆余曲折はありながら、結果として素晴らしいリーダーではあった。しかし、聖武天皇が成し遂げた成果そのものではなく、そこに至るまでの悩み、逡巡こそが、日本にとって価値あるものなのではないかと考えているのです。そして、そうした「悩めるリーダー」を今の時代にも見出していきたい。大きな危機が打開されて新しい世界が開けるときというのは、常に逡巡がつきまとうのではないでしょうか。

聖武天皇は「責《せ》めは予《われ》一人に在《あ》り」という言葉を残したといわれています。災害や疫病で世が荒れ、人心が荒廃して犯罪が激増する世の中にあって、真剣に悩み苦しみ、その「責め」を一人で背負おうとした。今の社会は多くのリーダーが「いかに責任を回避するか」という方向に動いています。それとは真逆のあり方というものを、聖武天皇の姿から学べるのではないかと考えています。

またもう一つ、聖武天皇の時代というのは、それまで表に出てくることのなかった人たちが中心的に活躍するようになった時代でもあったと思います。それ以前は、天皇とその周辺にいる藤原氏などの豪族が、政治をはじめすべてを担っていました。そこに天災や疫病、飢饉などが折り重なってやってきたことで、今まで表向きには活躍できていなかった民衆と民衆に連なる人物が新しい時代をつくっていくことになる。これは、「コロナ後」に向かう今の私たちと、とても共振するのではないかと思っています。

中島　おっしゃるとおり、聖武天皇という人は完成された政治家というよりは、常に大きな苦悩を抱え、多くの失敗を重ねた。そしてその失敗の中から多くのことを学び、考えることで変化していった人だったと思います。彼の歩みからは、国の安泰をどう守っていけばいいのかについての、重要なヒントが得られるように思います。

その中で、「土木」というものの意味についても考えたいと思っています。今、「土木」というと私たちは、利権とか自然破壊といったマイナスのイメージを抱きがちですが、聖武天皇の時代の「土木」は、むしろそれとは正反対の存在だったのではないか。その点についても、お話ができればと思います。

税金が「神々への奉納」だった時代

中島　さて、聖武天皇が何を思い、どのように大仏建立に至ったのか。その流れを見ていく前に、前提となる考え方、ものの見方についてお話ししておきたいと思います。特に、現代と違って呪術的な世界観が非常に強い時代だったということは、押さえておく必要があります。

たとえば「税」一つとっても、現在の感覚とはかなり違って、きわめて呪術的な部分がありました。当時の税制度は「租庸調《そようちょう》」と呼ばれるもので、「租」は田畑の収穫の一部を、

「庸」は労役を、「調」は絹などの繊維製品を納めることを指します。このうちの祖と調には「最初の収穫物を神仏に捧げる」という意味合いがある。そして、その際に民と神仏の媒体になる人間こそが天皇だととらえられていたのです。つまり、民衆が税金を納めるのは「神への奉納」だという感覚だったんですね。これは、現代とは大きく異なるところだと思います。

若松　税に関する考え方は、今とはかなり違っていたでしょうね。

ノーベル経済学賞も受賞しているアメリカの経済学者、ジョセフ・E・スティグリッツ[*3]が、経済学者というのは、今までいかに「パイ」を大きくするかということばかりを無意識に考えてきた、といっています。ここでの「パイ」は、アップルパイなどのパイです。そして、経済規模の象徴でもあります。

結果として、私たちの社会は膨張剤で必要以上に膨らんだパイをつくってきてしまった。しかしその一方で、パイをどう分けるかということに対してはあまりに無関心で、無力なままできてしまった、というのです。これを彼は、クリントン政権下で大きな影響力をもっていた自分を含め、経済学者が陥りやすい罠《わな》として自戒を込めていっているわけです。

この観点からいえば、聖武天皇というのは、パイを大きくするよりも、どう分けるかを重要視した人でした。それも彼が分かち合おうとしたのは、いわば「見えないパイ」です。

親しい人とパイを分け合って食べるのは、私たちも日常的にしています。聖武天皇もパイを分けることがどういう意味をもつのかも理解していたし、自分のパイを誰かと分かち合うことで、目に見えない別のパイが手に入ることがあるとも考えていた人だったのではないでしょうか。

この考え方は、現代においても非常に重要です。私たちは自分の分け前のことばかり考えがちだけれど、実はそれを誰かと分かち合うことで、信頼や希望や、いろんな新しいものが生まれてくる。「目に見えるパイ」を分けるほかないという考え方から、分かち合うことで「新しいパイ」を生み出せるという考え方に変えていくことができれば、経済のあり方そのものが変わってくるんだと思うのです。聖武天皇やその周囲の人たちは、この仕組みをとてもよくわかっていた人たちだったのではないかという気がしています。

幼い息子の死を乗り越えて

中島　また、もう一つ押さえておきたいのは、聖武天皇が第一皇子を病気で亡くしたときのことです。これは、その後の彼の政治家としての歩みに非常に大きな影響を与えた出来事だと私は思っています。

若松　たいへん重要なところですね。痛みによって自分の「弱さ」と徹底的に向き合う経験は、リーダーに必須だと思います。

中島　聖武天皇の母親は豪族の藤原氏出身で、皇族ではありません。それもあって、彼は自分の天皇としてのレジティマシー（正統性）を常に強く意識していました。即位から四年目の七二七年に初めての男の子が生まれたときには、「自分の正統性を担保してくれる存在」という意識もあったのでしょう、とにかく大喜びで、非常に異例なことなのですが、生後わずか三〇日あまりで皇太子に立てています。

ところが、この皇子が翌年、重い病に倒れてしまった。このとき、必死で快癒を祈る聖武天皇がやったのは、「鷹を飼うことを禁じる」というお触れを出すことでした。仏教における「放生《ほうじょう》」——生き物を自然に返し、生をまっとうさせることによって功徳《くどく》を積むという考え方を実践したのです。それによって、息子の病気も治るのではないか、と考えたわけですね。

祈りも虚しく、皇子は一歳になる前に亡くなってしまうのですが、その数カ月後に聖武天皇は、国家の平安を祈願して「金光明最勝王経《こんこうみょうさいしょうおうきょう》」という経文を全国に配布させています。金光明経の呪力によって、国全体の邪気をはらうことができると信じたのです。

さらに数カ月後には、左大臣の長屋王が「謀反を計画している」として捕らえられ、自死に追い込まれるという「長屋王の変」（七二九年）が起こります。このとき、謀反の一つの証拠とされたのが、「長屋王が部屋に籠もって写経をしていた」ということでした。それによって、聖武天皇の皇子に呪いをかけ、死に至らしめたという疑いをかけられたのです。

聖武天皇が生きていたのは、そうした世界観の時代だった。そして、こうしたいくつもの苦難を経て、彼は変化し、成長していったのだということを、まず押さえておきたいと思います。

「責めは予一人に在り」――大赦の詔

中島　その後、聖武天皇に襲いかかったのはさまざまな自然災害でした。

まず長屋王の変の翌年、七三〇年に、大規模な旱魃《かんばつ》が起こります。これは一年で終わらず、その後も毎年のように続きました。さらに、同じ年には落雷による大火災があり、七三四年には大地震。そして七三五年から、天然痘の大流行が始まります。この被害はすさまじく、二年間で、当時の全人口の約三分の一にあたる一〇〇万～一五〇〇万人が亡くなったともいわれています。

しかも七三七年には、聖武天皇の側近として政治の実務を担っていた藤原四兄弟――聖武天皇の妻、光明皇后の兄弟にあたります――も、全員が天然痘に倒れて命を落としている。政治的な後ろ盾でもあった彼らを失った聖武天皇は、すべてを自分でやっていかなくてはならないというぎりぎりの場面に立たされることになるのです。

特に、当時は儒教思想の「天人相関説《てんじんそうかんせつ》」という考え方があり、天、すなわち自然界に異変が続くのは地上が乱れているから、つまりは支配者に徳が欠けているからだと信じられていました。それもあって、聖武天皇はここで、自分というものを改めて見つめ直さざるを得なくなったのだと思います。

若松　支配者に徳が欠けているから天が乱れる……。現代では「徳」とは何かを考えることすら少なくなっているのではないでしょうか。つい数十年前までは、世の東西を問わず、指導者には「徳」が求められていました。今では、日本だけでなく、世界中で徳なき指導者が出現しています。

西洋でも、ローマ帝国のカール大帝に仕えたアルクイヌス[*4]という神学者が「民の声は神の声」といっています。民衆のいうことは神の声を代弁しているのであって、特に危機の状況においては、民の声こそが神の声なんだ、というわけです。

聖武天皇は、その「民の声」をしっかりと聞ける人だったのではないかと思います。強いリーダーシップを発揮するというよりも、民の声ならぬ声に耳を傾けようとする人だった。

だからこそ「責めは予一人に在り」という言葉に行きついたのではないでしょうか。「民の声」を受け入れられるというのは、一つの「徳」です。儒教では「仁・義・礼・智・信」を「五常《ごじょう》」といって、徳の基盤にしました。広く、深く聞く耳は「仁」の発露であり、「義」の証明だと思います。

中島　同感です。そして、これは若干の想像も含みますが、聖武天皇をそういう指導者たらしめたのは、さまざまな苦難を通じて自分を見つめ直した経験ではなかったかと思います。

もともとの聖武天皇は、天皇としての自分の正統性に大きなコンプレックスを抱え、それゆえに政争に奔走するようなところもあった。それが、幼い息子を失い、飢饉で多くの人が亡くなるのを目の当たりにし、さらには天然痘の大流行で側近まで亡くしてしまう。その中で、彼はひたすらに懊悩を続けたのだと思います。

その中から、天がこれほどまでに荒れるのは自分に徳がないからだという、自分に対する批判的な眼差しが生まれてくる。そして、自分が無力であるならば、民の声を聞き、そこから学んでいこうという政治思想をもつようになったのではないでしょうか。その象徴ともいえるのが、七三四年に行われた大規模な恩赦だと思います。

まだ天然痘の流行は始まる前ですが、度重なる旱魃で民は飢え、人心が乱れて犯罪が多発していた。それに対して聖武天皇は、「民が罪を犯してしまうような事態になったのは、すべて統治者である自分の責任である」といって、重大犯を除くすべての犯罪者の刑罰を免除するという大赦の詔を出すのです。先ほどから出てきている「責めは予一人に在り」という言葉は、この詔の中（天平六【七三四】年七月十二日『続日本紀』巻第十二）で使われているものですね。

若松　非常に重要なところだと思います。国家がそうして「赦《ゆる》し」を与えるということは、為政者が自らの弱さを自覚していくということでもある。そこから、それまでとは違う社会のあり方が始まると思うのです。

「弱さを自覚する」ことの対極にあるのが「強がり」ですよね。今、日本ではこの「強がり」が蔓延している気がします。

個人的な感想ですが、今日の日本にいて、何の裏づけもなく、ひたすら「大丈夫だ、大丈夫だ」と繰り返す姿勢を毎日見せられるのは、非常に苦しい経験です。

中島　おっしゃるとおり、「赦すこと」は自分の弱さを認めること。そして、対立する相手とともに歩んでいこうという意思の表明なんですよね。聖武天皇がこの詔を出したのは、地方での反乱も相次いで政権が揺らいでいた時期でもあるのですが、その困難を彼は「弱さ」とともに乗り切っていったということだと思います。

「弱い存在」を包み込む——光明皇后のコスモロジー

中島　そして、そうした聖武天皇の苦難を支えたのが、妻の光明皇后です。彼女というパートナーがそばにいたことは、聖武天皇の人生に大きな影響を与えたのではないでしょうか。先ほどお話しした聖武天皇の「変化」も、光明皇后がいてこそだったと思います。

若松　仏教学者の鈴木大拙[*5]が『日本的霊性』の中で、法然と親鸞は二人の人間だが、その使命においては一人格として理解するのがよい、と書いていますが、聖武天皇と光明皇后との関係もまさにそうだと思います。聖武天皇が「太陽」だとすれば、光明皇后は「月」かもしれません。夜、すなわち時代の闇を照らしたのは光明皇后だったのです。

私は、何か重要なことが決定されるときには、そこに老若男女あらゆる人の存在が含まれていることが非常に大事だと考えています。

精神性としての老若男女が、一人の人間の中に、いつもある均衡をもって存在していなくてはならない、と語っていたのは心理学者の河合隼雄[*6]です。今、こうした深層心理学が、とても重要な役割を担う時代に入っていると思います。新型コロナウイルスの問題によって停滞した状態にある社会が、再び立ち上がっていこうとするときに、若くて元気に働けるような人だけを想定して物事が進められるとしたら、とても怖いと思うのです。
病気や障害のある人、高齢者といったような、「弱い存在」を捨て置くのではなく、むしろ彼らをいかに支えるかを真剣に考えていけるような世界のあり方。そうした、老若男女、あるいは生老病死をすべて包み込んだコスモロジー（世界観）のもとでこの社会を動かしていけるかどうかを考えなくてはならないと思っています。そして、光明皇后は、そうした「弱い」、しかし、その本質においてたいへん創造的な世界のあり方を象徴する存在だと思うのです。

中島　光明皇后については、後からつくられた伝説のような話も多いので、なかなか実像に迫るのは難しいのですが、深く仏教に帰依し、医療施設の「施薬院《せやくいん》」、孤児や病人、貧窮者の救済施設「悲田院《ひでんいん》」といった福祉施設を開いたことで知られています。さらには、当時は恐ろしい伝染病だと考えられていたハンセン病の患者の身体を自らの手で洗ったといった逸話も残されている。どこまで本当なのかはわかりませんが、そういう物語が後世の人に共有されているということ自体、光明皇后がもっとも弱い人――貧民や孤児、病人の中にこそ仏が現れると考えた人であったことを示しているように思います。

若松　しかも注目すべきは、彼女が皇后宮職に施薬院・悲田院を置いたのが、皇后になった翌年（七三〇年）、早魃が起こるよりも前だったということです。彼女にとって一番大事なこと、そして、ある影響力をもてたらすぐやらなければならないと思っていたことが、弱い人たちとともに生きていく社会の基盤をつくることだった、というのは、実に意義深いことだと思います。

中島　そこは重要ですね。つまり、疫病のような社会的な危機があったから思いついたというのではない。力をもったら真っ先にそれをやるんだと、心に決めていたのでしょう。そしてそれを実行したことが、旱魃や疫病などの大きな危機がきたときに、大きな意味をもってくるわけです。

現代における「写経」とは何か

若松　あともう一つ、光明皇后を象徴するのが「写経」だと思うのです。光明皇后は、皇后になる前から何度も写経を発願《ほつがん》していて、立后の後にも皇后お抱えの写経所で、大がかりな写経事業を行っています。たとえば、亡き両親の供養と聖武天皇の治世の安寧を願って発願された「五月一日経」と呼ばれる写経では、二〇年間に約七〇〇〇巻が書写されたといわれています。

それだけの大事業ですから、全身全霊をかけた、膨大な時間を捧げての行為ということになります。しかし、ただ「捧げる」だけの行為かといえばそうではない。それは、過去の人から「言葉」を受けとる行為でもあるのだと思います。言葉を捧げ、受けとるという往復の中で、過去の民衆と現在を生きる私たちとがつながれるのが、写経というものなのですね。

序章の最後に、中島さんは聖武天皇の大仏建立計画は、単なる大きな仏像をつくろうということではなく、みんなで心の中に「内なる大仏」をもとうということだったとおっしゃいました。聖武天皇や光明皇后がこうした「写経」という行為を積み重ねたことも、その「内なる大仏」を育てていく準備になったのではないかと思うのです。

中島　直接的な「政治」や「運動」ではなく、一見「今それをやる必要があるのか？」と思われるようなことのほうが、結果的に大きな力を生み出すことがある。インドの独立運動家・ガンディー[*7]の「塩の行進」などもそうだと思います。合理的な発想からすれば、「塩をつくることが、インドの独立に何の関係があるんだ」という話になる。だから、合理主義者であるネルー[*8]などは、まったくガンディーの行動が理解できなかったわけです。

若松　実際には、今まで宗主国であるイギリスから買わざるを得なかったものを、全部自分たちの手でつくるのだという象徴的な意味があったわけですね。本当の意味での価値創造のかたちを示してみせる行為だったのだと思います。

中島　そのとおりです。そうして本質に迫ることによって、多くの国民の心が動いて、大きな流れが生まれるんだとガンディーは考えたし、実際にそうなりました。聖武天皇の「鎮護国家」そのものが、国家規模での「写経」をやろうという発想だったといえるかもしれません。

コロナ危機に直面している今の日本においても、政治家に本当に求められるのはそういう行為なんだと思います。コロナ対策に多額の予算をつぎ込むことは重要です。しかし、それでいいという話ではないんですよね。

若松　だからといって、現代において、みんなで「写経をしましょう」といっても人々の心は動きません。それに代わる、現代における「写経」、あるいは「塩の行進」とは何なのかを、私はこの対談だけでなく、中島さんとの日々の雑談でもずっと考えているように思うのです。「内なる大仏」を生み出すための基盤を、どうすればつくれるのか。それが見出せれば、私たちにとって大きな力になるのではないかと思います。

「知識」の寺で盧舎那仏と出合う

中島　さて、天然痘の流行が少し落ち着いた七四〇年、聖武天皇は今の大阪府柏原市にあった智識寺《ちしきじ》というお寺を訪れます。ここで盧舎那仏を拝礼したことが、聖武天皇が大仏建立を思い立つ直接のきっかけになったといわれていますね。

盧舎那仏とは、仏教経典の一つである「華厳経」における本尊となっている仏で、宇宙の中心からあらゆるものを光で照らし続ける、太陽のような存在とされています。のちに建立される大仏も、正式名称は「盧舎那仏坐像」といって盧舎那仏の姿なのですが、そのそもそもの始まりが、聖武天皇が智識寺で出合った盧舎那仏に非常に感動したことだったのです。

何が、それほど彼の心を動かしたのか。キーワードは、お寺の名前である「智識」です。「知識」とも書きますが、仏教における「知識」とは、仏教を深く信仰し、善行を積み重ねようと、寺院や仏像の建立・維持、福祉や写経などの事業に私財や労働力を提供する行為、そしてその行為を担う人々の集団を指します。現代においては、知識といえば特定の人が所有する情報、といった意味合いだと思いますが、当時の知識は「共有するもの」であり、人々の非強制的・自律的な行動を伴うものであったわけです。

そして、智識寺というのはその名のとおり、他の寺のように有力な豪族などがお金を出して建てたのではなく、地元の「知識」の人たちが力を合わせて建立した寺でした。

自分たちでつくりあげたお寺で、「知識」の人たちが盧舎那仏を拝んでいる。その光景に、人間の営みと信仰とが一体化した世界を見て、聖武天皇は非常に感銘を受けた。そして、それを国家規模でやれないかと考えたときに生まれてきたのが、大仏建立というアイデアだったのだと思います。国民みんなが心に大仏をもち、連帯する。その集成として、本当の大仏が建立される。それが世の中に平穏をもたらす。そんな構想が聖武天皇の中で湧き立ったのだと思います。

若松　盧舎那仏を信仰する華厳経において、よく知られているのが「一即多《いっそくた》　多即一《たそくいち》」という言葉ですね。「一」という極小の中に「多」、すなわち無限大が含まれ、「多」の中に「一」という極小が含まれている、すべてのものはお互いに関係し合い、共鳴、共振し、影響を与え合いながら存在しているという世界観です。

　実はこれは、聖武天皇の時代も含め「危機の時代」になるたびに注目を集める世界観でもあります。先にもふれた鈴木大拙が敗戦の翌年、昭和天皇・皇后に講義した内容をまとめた『仏教の大意』という本の中にも、これから重要になるのは華厳経の世界観である、という話が出てきます。ある意味では、コロナに脅かされている今の時代にも、どうしても必要な世界観だといえるかもしれません。

　もう一つ、華厳経は言語の経典というよりも「イマージュ」によって説かれているものであることも重要です。言語で説明できないような混乱した状況のときに、華厳経がよみがえってくるのかもしれません。

　それから、「知識」について。私財や労働力を提供する人々の集団を指す場合の「知識」

は、「知識結《ちしきゆい》」といわれることもあります。「結《ゆい》」とはすなわち「つながり」ですね。さらにいえば、「見えないつながり」です。

つまり、寄進するお金、人間に具わった知性、そして人と人とのつながり。この三つが揃って初めて「知識」は成立するし、そこからこそ新しいものが生まれる。大仏建立の発願というのも、この三つが揃わないと出てこなかったものではないかと思います。私たちが「コロナ後」を考えるときにも、この三つをしっかりと整えることが重要なのではないでしょうか。

人間もまた、自然の一部である

中島　智識寺で「大仏建立」の思いを抱いた聖武天皇は、仏法によって国家の安泰を図るという「鎮護国家」の具現化に取りかかっていきます。智識寺を訪れた翌年、七四一年には、全国に国分寺と国分尼寺を建立し、国分寺には金光明最勝王経、国分尼寺には法華経と、それぞれ護国の経典とされる仏経典を安置することを命じました。

これによって聖武天皇が目指したのは、日本という国全体の立て直し、世界観のつくり直しだったと思います。つまり、この時代においては、単に教えを説くといったことではなく、寺を建てるなどの土木事業こそが、衆生《しゆじよう》を救うためのある種の霊性をもった行為としてとらえられていた。ここが非常に重要だと思います。

そして、いよいよ七四三年に「大仏建立の詔」が発せられます。先にもふれましたが、これが非常に見事な政治家の「演説」になっているんですね。

まず重要だと思うのは、この部分です。

万代《ばんだい》の福業《ふくげふ》を脩《をさ》めて動植《どうしよく》咸《ことごと》く栄《さか》えむとす。（『続日本紀』巻第十五、新日本古典文学大系、岩波書店）

【現代語訳】よろず代までの幸せを願う事業を行なって、生きとし生けるもの悉く栄えんことを望むものである。（『続日本紀（中）全現代語訳』、宇治谷孟、講談社学術文庫）

つまり、この事業は単なる「民の救済」ではない。草や木や、生命あるものすべてを救うためのものである。私たちの存在が、すべての「生類」の命とともにあることをもう一度見つめ直そうといっているわけです。疫病や災害の問題を、人間の問題としてだけ考えないという発想がそこにあります。

これは、現代のコロナの問題においても、実はかなり核心を突く発想ではないかと思います。イタリアの作家で物理学者でもあるパオロ・ジョルダーノ[*9]が書いて話題になった『コロナの時代の僕ら』(飯田亮介訳、早川書房)という本に、こんなことが書かれているんです。

環境に対する人間の攻撃的な態度のせいで、今度のような新しい病原体と接触する可能性は高まる一方となっている。病原体にしてみれば、ほんの少し前まで本来の生息地でのんびりやっていただけなのだが。

森林破壊は、元々人間なんていなかった環境に僕らを近づけた。とどまることを知らない都市化も同じだ。

多くの動物がどんどん絶滅していくため、その腸に生息していた細菌は別のどこかへの引っ越しを余儀なくされている。

家畜の過密飼育は図らずも培養の適地となり、そこでは文字通りあらゆる微生物が増殖している。(後略)

ウイルスは、細菌に菌類、原生動物と並び、環境破壊が生んだ多くの難民の一部だ。

つまり、現在のこの新型ウイルス感染症の蔓延というのは、人間の環境破壊によってもたらされたものだといっているんです。

若松　まったく同感です。よくわかります。イギリスの高名なチンパンジー研究者、ジェーン・グドール[*10]も、新型コロナウイルスの感染が広がり始めたかなり初期の段階で、このウイルスが出てきたのは、「われわれが自然を無視し、地球を共有すべき動物たちを軽視した結果」（二〇二〇年四月一二日、AFPBB Newsウェブサイトより）だと発言していました。

中島　アマゾンの火災、温暖化ガスによって引き起こされた気候変動、度を超した野生動物の捕食……そのような人間の行為によって生息地を破壊されたウイルスが、「次はここが空いてる」といって人間のところにやってきた。ずっと一定のバランスが保たれてきた均衡点を人間が侵したために、すみかを奪われて難民化しているのがウイルスなんだ、というんですね。

ジョルダーノは、だからこれは今回の新型コロナウイルスだけの問題ではないんだ、ともいっています。ウイルスは「引っ越し」をどんどん進めて、これから繰り返し人間のところにやってくるだろう。今回のウイルスがどこからやってきたかについてはいろんな議論があるけれど、それだけの問題ではない。もっと根源の部分を考え直さなくてはならないんだ、といっているわけです。

聖武天皇の時代には、もちろん疫学のような学問はなかったと思いますが、その考え方はジョルダーノの主張とよく似ていると思うんです。

若松　まったく同じことを首尾一貫していっているのが、ローマ教皇フランシスコです。彼が二〇一五年に発表した回勅《かいちょく》（ローマ教皇が世界に向けて発信する文書で、教皇とカトリック教会の指針を示す）『ラウダート・シ』[*11]に語られているのは、まさにそういう現状とその向こうにもたらすべきパラダイム、すなわち、新しい価値の枠組みです。

私たちが狭い視点で、「コロナは中国から来た」というような発言に終始している間は、問題の根源にふれることは決してないと思います。この問題を生み出したのは、私たち自身であり、世界全体が問題とその結果を共有しているという視座に立つ必要がある。そして事実、私たちが経済活動を停滞させている今、自然は、ほとんど奇跡的な勢いで回復しているわけです。

中島　大気汚染も海洋汚染も改善されて、中国やインドの空がきれいになったとかいわれていますよね。

若松　地球が、もう一度秩序を取り戻していっているということは、疑いようがありません。その中で、人間も本当の意味で「自分に与えられた場所」を見つけていかなくてはならないのだと思います。

これは、序章でもふれた作家の石牟礼道子さんがおっしゃっていたことでもあります。石牟礼さんは、「生類の中の人類」なのであって、「生類vs人類」ではないんだということ、そこの視点を違えたままでは、私たちはいつまでも同じ過ちを繰り返すだけだろうということをずっといっておられました。今、私たちはまさにその局面に立っているんじゃないかという気がします。

人間もまた自然の一部であるという当たり前のことを、人間はいつのまにか忘れ去ってきてしまった。その感覚をどうしたら取り戻せるのか、取り戻したところから私たちの新しい世界が始まるのではないかと考えています。

あらゆる人が、何かを「差し出せる」場

中島　もう数カ所、「大仏建立の詔」の中から引用したいと思います。

広《ひろ》く法界《ほふかい》に及《およぼ》して朕《わ》が智識《ちしき》とす。遂《つひ》に同《おな》じく利益《りやく》を蒙《かがふ》りて共《とも》に菩提《ぼだい》を致《いた》さしめむ。（『続日本紀』巻第十五、前出）

【現代語訳】広く仏法を全宇宙にひろめ、これを朕の智識《ちしき》（仏に協力する者）としよう。そして最後には朕も衆生《しゅじょう》も皆同じように仏の功徳を蒙り、共に仏道の悟りを開く境地に至ろう。（『続日本紀（中）全現代語訳』、前出）

「智識（知識）」については、先ほども出てきました。ここでは大仏建立という、修行でもある事業を、その「知識」でやりたいといっている。そして、「朕も衆生も皆同じように」です。みんな一つの生命として平等であるという観念がここで出てきます。

さらに、その後にはこうあります。

この富《とみ》と勢《いきほひ》とを以《もち》てこの尊《たふと》き像《ざう》を造《つく》らむ。事成《ことな》り易《やす》く、心至《こころいた》り難《がた》し。但恐《ただおそ》るらくは、徒《ただ》に人《ひと》を労《つから》すことのみ有りて能《よ》く聖《しやう》に感《かま》くること無く、或《ある》は誹謗《ひばう》を生《おこ》して反《かへ》りて罪辜《ざいこ》に堕《おと》さむことを。是《こ》の故《ゆゑ》に智識《ちしき》に預《あづ》かる者《ひと》は懇《ねもころ》に至《いた》れる誠《まこと》を発《おこ》し、各《おのおの》介《おほき》なる福《さきはひ》を招《まね》きて、日毎《ひごと》に三たび盧舎那仏《るしやなぶつ》を拝《をろが》むべし。自《みづか》ら念《おもひ》を存《そん》して各《おのおの》盧舎那仏《るしやなぶつ》を造《つく》るべし。如《も》し更《さら》に人《ひと》有りて一枝の草《くさ》一把の土《ひぢ》を持《も》ちて像《ざう》を助《たす》け造《つく》らむと情《こころ》に願《ねが》はば、恣《ほしきまにま》に聴《ゆる》せ。国郡《こくぐん》等の司《つかさ》、この事《こと》に因《よ》りて百姓《はくせい》を侵《をか》し擾《みだ》し、強《し》ひて収《をさ》め斂《あつ》めしむること莫《なか》れ。遐邇《かじ》に布《ふ》れ告《つ》げて朕《わ》が意《こころ》を知《し》らしめよ（前出）

【現代語訳】この富と権勢をもってこの尊像を造るのは、ことは成りやすいが、その願いを成就することは難しい。ただ徒らに人々を苦労させることがあっては、この仕事の神聖な意義を感じることができなくなり、あるいはそしりを生じて、却って罪におちいることを恐れる。したがってこの事業に参加する者は心からなる至誠をもって、それぞれが大きな福を招くように、毎日三度盧遮那仏を拝し、自らがその思いをもって、それぞれ盧舎那仏造営に従うようにせよ。もし更に一枝の草や一握りの土のような僅かなものでも捧げて、この造仏の仕事に協力したいと願う者があれば、欲するままにこれを許そう。国・郡などの役人はこの造仏のために、人民のくらしを侵しみだしたり、無理に物資を取り立てたりすることがあってはならぬ。国内の遠近にかかわらず、あまねくこの詔を布告して、朕の意向を知らしめよ。

（前出）

つまり、大仏建立にあたって、民に「これをやれ」と苦役を強いることがあってはならない。あくまでも「知識」、自律性によってこそなされるべきであるといっているわけです。そして、一枝の草や一握りの土でもいい、問題は量ではない、どんな少しのものでも捧げてくれるのであれば一緒にやろう、といっている。

これは、まさに「危機の時代の演説」だと思います。

若松　あらゆる人が、自分のもっている何かを差し出し得る世界ということですよね。差し出すのは「何ものか」でよい。金銭や労働でなくてもよいわけです。祈りでも、心からの賛意でもよい。とても大事な感覚だと思います。

たとえば、ホームレスの人たちなどは、常に「もらう」側、ケアされる側の人だという意識が、私たちの社会にはあると思います。そうではない、どんな人も何かを差し出して参与し得る場をつくるというのが、聖武天皇が行ったことではないでしょうか。

今の危機状態にあって、補償金などのお金を求めることはもちろん必要です。ただ、そこだけで終わってしまうと、私たちの中にある主体性が開花しなくなってしまう。私たちは「与えられる」だけの存在ではなくて、何かに主体的に参与し、「何ものか」を与えることもできる存在なのだということは、常に意識していたいと思っています。

中島　私にも、こんな経験があります。生まれ育った大阪の下町では、近所にいわゆるホームレスのおじさんがたくさんいて、私はそのうちの一人にすごくかわいがってもらっていたんです。

段ボールの家に招かれて遊んだりしているうちに、そのおじさんが時々、ちょっとしたお小遣いをくれるようになりました。せいぜい数十円なんですけど、「ラムネ買ってきなさい」なんて言いながら渡してくれる。家に帰って親に話すと「もらっちゃ駄目」と怒られるんですけど、私は子どもなりに「これはもらったほうがいいな」と思っていました。

たぶん、彼には私を「守っている」という感覚があったと思います。お金を渡されたり、食べ物をもらったりと、常に人から「与えられる存在」であることは、おじさんにとって耐えがたい感覚だったんだと思うんです。だから、代わりに自分は地域の子どもを守っているんだと考えること、時には空き缶を拾って集めたお金で「お菓子でも買ってこい」ということが、自尊心を守るために絶対に必要だった。当時の私が、そういうことをはっきり言葉にして考えられたわけではもちろんありませんが、これは「ありがとう」ともらったほうがいいな、とは感じていた。だから、親に怒られても、何度かお金を受けとっていたんです。

聖武天皇がいう「一緒にやろう」というのも、そういうことだと思います。「与えられるだけの存在」ではなくて、誰もが「与える」側になれるんだということですよね。

若松　しかも「一枝の草や一握りの土のような僅かなものでも」というところが重要だと思います。現代の価値観では、一〇〇円の寄付よりも一〇〇〇万円の寄付のほうがはるかに価値があるということになりがちです。一方、聖武天皇の「詔」の中にあるのは、一〇〇円も一〇〇〇万円も同じだという価値観。これは、現代がどうしても取り戻していかなくてはならないものだと思うのです。

量的にというよりも質的な意味において、自分のもてる中から、どれだけのものを分かち合うことができたかが、真の価値なのだと思います。

同時にこれは、教皇フランシスコが常にいっている「弱いものから学べ」ということでもあります。貧しい人たちなど、弱い立場にいる人たちというのは、大きな試練を経てきた人たちだから、それだけの叡知をもっている。だから、私たちは彼らに対して「支援する」側なのではなくて「学ぶ」側なんだというのが、教皇がいつもいうことなのです。「大仏建立の詔」からは、その姿勢も読みとれると思います。

「土地の所有」を分け与える――墾田永年私財法

中島　また、私が政治家としての聖武天皇の非常に重要なポイントだと思っているのは、この「大仏建立の詔」とほぼ同じ時期に、墾田永年私財法《こんでんえいねんしざいほう》を出しているということです。

要は、民が自分で新しく開墾した土地の所有、私財化を認めるという法律なのですが、これは政治学者の目から見ればびっくりするような大改革。天地をひっくり返すくらいの話なんです。

それまでは、土地はすべて権力者の持ち物であって、民衆にそれを貸し与えているんだという「土地公有」が律令国家の基本とされていました。聖武天皇の前の元正天皇の時代に「三世一身法《さんぜいっしんのほう》」が出されていますが、これはあくまでも開墾した土地を、三代の間は仮に所有していいですよ、というもの。土地公有の原則は変わらず、三代の後は返納することが義務づけられていました。
墾田永年私財法はそれとは違って、土地は天皇や国家の持ち物ではなくみんなで分有するものだという前提の上に成り立っている。開墾した場所についてはその人が自由にしていいけれど、その面積には上限があって、独占はできない仕組みになっているんですね。
つまり、これは疫病や災害からの復興政策であると同時に、再分配政策であり、かつ自分たちで開墾し、食糧をつくって分配しようというオートノミー（自律性）の推奨でもある。そして重要なのは、天皇の側から見れば「土地の贈与」でもあるということです。

若松　そうですね。それまでは、すべての土地が天皇の持ち物だったのを、民衆に分け与えるということですから。

中島　一本の草でも一握りの土でも捧げて大仏を一緒につくろうと呼びかけている以上、自分も何かを与えなければいけない。その観点に立って、それまで天皇の権限とされていた「土地の所有」を分け与えようとしたのが、墾田永年私財法だと思うんです。

若松　最初のほうで「パイ」の話をしましたが、これまではパイはすべて天皇のもので、それを貸し与えていたのを、「みんな、もっていっていいよ」としたわけです。それによって、世界のあり方を根本から変えていくことができる。私たちもまさに今、それと同じことができるかどうかを問われている気がします。

これは、聖武天皇がどういう存在として大仏をつくろうとしたのかということとも関連してきます。その発想からすれば、まず天皇の所有物としてではない。民衆も天皇も、等しく連なっていくような場があって、その真ん中に大仏がいるような構図が描かれていたのではないかと感じます。

なぜ遷都を重ねたのか

中島　一方で、大仏建立に至るまでには、さまざまな失敗もありました。このあたりも、聖武天皇という人が完璧な、最初から「できあがった」リーダーではなかったということを思わせるのですが、最大の失敗は、遷都を繰り返したことだと思います。

まず、智識寺を訪れたその年の暮れに、奈良の平城京から現在の京都府南西部に位置する恭仁宮《くにのみや》へと遷都。その二年後に、現在の滋賀県甲賀市で紫香楽宮《しがらきのみや》の造営を開始し、翌年にここで「大仏建立の詔」を発します。しかし七四四年には、過去に焼失して再建中だった難波宮《なにわのみや》への遷都を宣言。さらにその翌年、いったんは紫香楽宮に遷都するのですが、火事や地震などが相次いだことから、結局わずか四カ月で平城京へと戻るのです。相次いだ火事は、不満を抱いた民衆による放火だったという説もあります。

これほど短期間に都を移した理由としては、平城京に疫病が蔓延し、犯罪も増えて荒廃している、その状況を脱却することを狙ったのではないかといわれています。しかし、それ以上に重要なのは、聖武天皇が当初、紫香楽宮に大仏を建立しようと考えていたことだと思います。そのための、水運における中継地として位置づけられたのが恭仁宮だったのだろうということは、多くの歴史学者が指摘していますね。その「紫香楽宮への大仏建立」にこだわりすぎた結果としての、遷都の繰り返しだったのではないでしょうか。

若松　しかしそれも、結果を見れば単なる「失敗」とはいい切れない気がします。天皇がある土地を訪れる、いわゆる「国見《くにみ》」というのは、単にその場所に行くという以上の意味があります。その土地を守る霊、地霊といわれるものに敬意を表しに行く。民衆に手を振るだけではなくて、目に見えない死者にも誠意を尽くし、その土地の歴史そのものにふれるということです。

聖武天皇もまた、遷都の過程でその「国見」を重ねたはずです。結果として、事業的には失敗でも、人のつながりは生まれてくる。そしてそのつながりが、大仏ができていくときにとてつもない力になったのではないかと思います。

中島　また、面白いのは難波宮へ遷都したとき、そして紫香楽宮をあきらめて平城京へ戻るときに、聖武天皇が「民意」を問うていることです。もちろん現代の国民投票のような

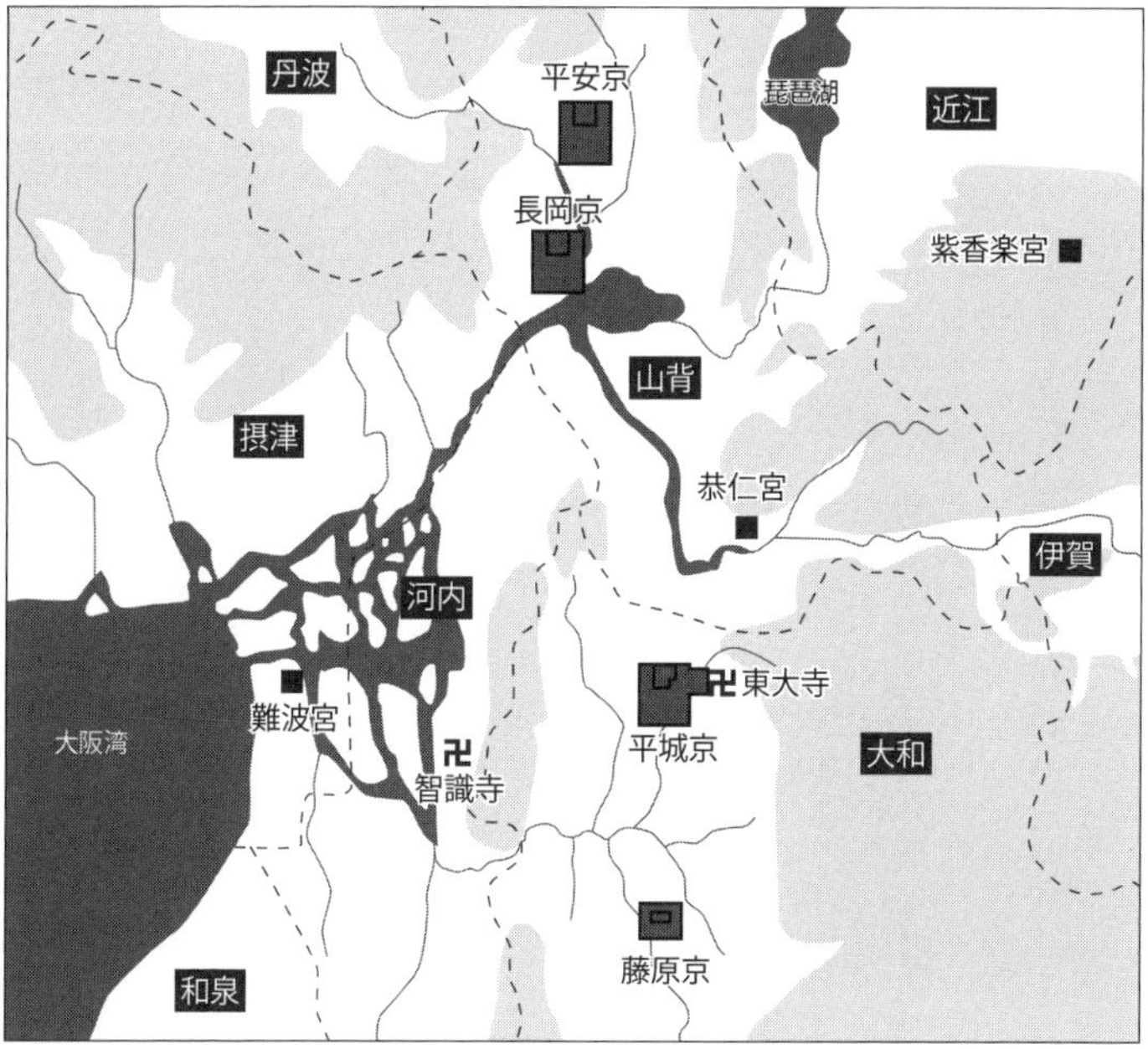

『光明皇后』（瀧浪貞子著、中公新書）を参考に作成

ものではなくて、貴族や官人のみが対象ではあるのですが、「恭仁宮と難波宮のどちらを選ぶべきか」と意見を聞いて、投票をしているんです。『続日本紀』には、その得票数まで記録されています。現代の民主主義とは違うけれど、その時代なりの民主主義ですよね。

ここにも、人々のつながりで構成される「知識」で大仏建立を目指すのだという感覚がはたらいているのではないかという気がします。リーダーが一人で決めるのではなく、皆でともにやっていかなくてはならない。自分は、「知識」を結集していくための呼びかけ人であり、仏法の従者にすぎないんだという思いがあったのではないでしょうか。

だから彼は、「強制なき無償奉仕」を人々から引き出すこと、命令ではなく自律性で物事を動かすことにどこまでもこだわった。同時に、「ともに」「一緒に」という姿勢を重視し、「仏のもとの平等」という地平を示してみせた。それは人間だけではなく、「詔」にあったように「生きとし生けるものことごとく」平等であるという視点。この世界観こそが聖武天皇の「いのちの政治学」であり、彼の政治思想のエッセンスだと思うのです。

若松　それは、先にもふれた華厳経の「一即多　多即一」の考え方に通じる世界観、コスモロジーそのものですね。

中島　聖武天皇が大仏建立の地として紫香楽宮にこだわったのも、その「華厳コスモロジー」を具現化しようとしたからではないかと私は考えています。

つまり、紫香楽宮は当時の人の往来の中心であった平城京や難波京から見ればかなり東に位置していて、しかもやや高い場所にある。そこに大仏――太陽を象徴する盧舎那仏を配置することによって、畿内全体を光で包み込むという感覚があったのではないか。一方的に「与える」存在である太陽と、すべてのいのちに平等に慈悲を与える仏とが重なるときに、華厳コスモロジーが現れ出るというのが、聖武天皇のイマジネーションだったのだと思います。

その後、紫香楽宮での造立は断念され、いわば妥協として大仏は平城京につくられることになるわけですが、実は大仏の置かれている場所は、平城京の中でももっとも東側にある。それも、「太陽」を意識したのではないかと思います。ここでも、当時における土木の宗教性というものが、はっきりと見えてくるような気がします。

求道の末に「土木」に行きついた行基

中島　そうした、宗教性をもった「土木」を現場で担った人物の一人、行基*[12]についても、最後に少しふれておきたいと思います。

行基という人は、一五歳で出家して僧になっているのですが、日本で初めて「大乗仏教とは何か」という問題をしっかりと考えた人だと思います。

若松　そのとおりですね。二〇一九年の台風一九号の後、東京の治水が問題になったとき、大学の研究室で中島さんが、行基のことを話してくださったのは、とても印象的でした。

中島　大乗仏教の根本は「人々の救済」でなければなりません。しかしこの時代、仏僧というのは権力にとって非常に危険な存在であると見なされていて、寺の外でのあらゆる社会活動、事業を禁止されていた。僧尼令《そうにりょう》という法律によって、基本的には仏僧は寺の中に幽閉されたような状態にあったのです。

しかし、そんなことに構わず寺を出て活動を始めたのが行基でした。なぜなら、現実に人々が困っているから。人々を助けるために、護岸工事をしなくてはならない、道をつくらなくてはならないと考え、土木工事などの社会事業に乗り出すのです。

だから当初、彼は「偽って聖の道と称して人民を惑わしている」などとして、ひどい弾圧を受けました。しかし、「大乗仏教とは衆生の救済でなくてはならない」という信念のもと、知識結を結成して治水や架橋、貧民救済のための宿泊所設立など、さまざまな社会事業を人々とともに進めていく。そのうちに、聖武天皇の側が、「すごい仏僧がいる」というので行基に注目し始めるわけです。そして最終的には、聖武天皇から大仏建立の現場責任者に任じられることになります。

行基自身は大仏の完成を待たず七四九年に入滅するのですが、その三年後に行われた大仏開眼供養の導師を務めたのは、行基が平城京に迎えたインド出身の僧、菩提僊那《ぼだいせんな》でした。

若松　行基というのは、徹底的な弾圧を受けた「受難」の人ですよね。「慈悲」「思いやり」を意味するcompassionという言葉は、もともとはキリストの「受難」を意味するpassionという言葉に「ともに」を表す接頭詞comが付いたものです。慈悲を生む根源が受難なのです。行基というのは、まさにそれを体現する生涯を送った人だという気がします。

そして、「五明《ごみょう》」の人でもあったと思います。五明とは、医学、数学、論理学など、すべての学問を五つの形態に分類するものですが、行基はそのすべてに通じていた。ある意味では天才的な人だったと思います。アフガニスタンで治水事業などに携わり、二〇一九年に命を落とした中村哲医師[*13]を思わせますね。

中島　すごく似ていますよね。中村さんはキリスト教徒でしたが……。

若松　彼はプロテスタントですので、カトリックのいう「聖人」という呼称を受け入れないかもしれませんが、現地のムスリムの人の中には彼を聖者のように語る人もいるようです。近代日本のプロテスタントを象徴する一人である内村鑑三が『後世への最大遺物』で語った、「高尚なる勇ましい生涯」をそのまま体現した人だと思います。

中島　行基とは宗教は違うけれど、求道の末に土木に行きついたという点は同じだと思います。中村医師にとっては、ブルドーザーを操ることこそが祈りそのものだったのではないでしょうか。土木によって、大地が潤う世界をもう一度取り戻したいという祈り。それは、現代の土木が忘れている部分でもあると思います。

若松　あと、重要だと思うのは、行基のもとで実際の作業を担った人々が、単なる「労働力」ではなかったということです。彼ら、彼女らは優婆塞《うばそく》・優婆夷《うばい》と呼ばれる在家信者であって、作業に参加することで善行を積み重ねていくというプロセスの中にあった。誰かに働かされているのではなくて、彼ら自身のほうに主体があるんですよね。

　そうした主体的な「労働」が失われて、人々が単なる「労働力」となってしまっているのが、現代社会のような気がします。

中島　インドには、それぞれの人がそれぞれの場所で自分の役割、ダルマを果たすことが大事だという考え方があります。本来的にはその「ダルマを果たすこと」こそが、労働だったのではないでしょうか。それが近代においては、資本主義の中でお金を獲得するための手段のようになってきてしまった。本来の意味での「労働」を取り戻すということも、私たちが今考えなくてはならないことの一つだと思います。

私たちにとっての「大仏」を見つけよう

中島　その後、聖武天皇は大仏建立中の七四九年に皇位を娘に譲って出家するのですが、このとき自らを「三宝《さんぽう》の奴《やっこ》」と称したといわれています。三宝の奴とは、仏・法・僧の三宝のしもべであるということ。その「しもべ」である自分が、人々のつながりである「知識」に参与して、人々の自律性を結集させたところに生まれたのが大仏である、というのが聖武天皇の感覚だったのだと思います。

若松　いかに「奴」たり得るのかというのは、現代社会でも非常に大事なことです。

これまでの私たちの社会が追い求めてきたのは、いかに「王」たり得るかということでした。わずか一％の人が社会の富を独占していて、残る九九％の人たちも基本的にはそれに喝采を送ってきた。みんなが「王」になろう、もしくはそれとお近づきになろうとしてきたわけです。そうではない、「奴」への道こそが、新しい地平に向けて私たちを少し変えてくれるのではないかと思います。道のりは、あまりに長いようにも感じますが。

「奴」になるためには、「手放す」ことが重要です。いかに獲得するかではなくて、いかに手放すか。いかに分け与えるか。それが、私たちに必要な次のレッスンのような気がしています。

中島　「奴」である聖武天皇が、衆生を救うために取り組んだのは、大仏建立という土木事業だったわけですが、現代の私たちが取り組むべきは何なのか。心の中に大仏をもちながら、みんなでともにどういうことができるのかを考える必要があると思います。

今回のコロナウイルスの問題の根本的な原因は環境破壊だという話をしました。そこから考えれば、「グリーンインフラ」といわれる、自然の機能や仕組みを活用した社会資本の整備なども、私たちにとっての「大仏」になる可能性があるのではないでしょうか。

たとえば、アスファルトをはがして保水力のある地面に戻す、街中の緑を増やしていく……費用対効果がよくないという人もいますが、大切なのはそこではない。私たち人間がずっと侵略してきた大地に、逆にさまざまなものを還元していくという大事業。そのために、みんながお金や労力を投じていくことが、私たちにとっての「大仏建立」になり得るのかもしれないと思います。

若松　近代社会の大きな特徴は、人があらゆるものを「私有」しようとすることですよね。形のあるものだけではなく、時間すら私有していると考えて、「私の時間」という感覚を強くもっている人が多い。その中で、大勢の人たちが自ら時間や労力やお金を捧げて参与して、新しい公共のものをつくっていくということ、所有するためではなく分かち合うためのものを生み出していくということには、大きな意味があると思います。

その「分かち合うためのもの」が何なのかは、私もまだ見つけられていません。ただ、それを見出すことこそが、新しい世界を切り拓くことにつながるのではないかと感じています。

註

1
内村鑑三
一八六一〜一九三〇。無教会派キリスト教指導者、評論家。江戸生まれ。札幌農学校在学中に洗礼を受ける。足尾銅山鉱毒事件に関して実態を訴え、第一高等中学の教師のとき、教育勅語への敬礼を拒否して免職となる。日露戦争に際し、非戦論を唱えた。著書に『代表的日本人』『後世への最大遺物』『基督信徒のなぐさめ』などがある。

2
「盧舎那仏建立の詔」
「盧舎那仏造営の詔」ともいう。天平一五（七四三）年一〇月一五日に発せられた（『続日本紀』巻第十五）。

3
ジョセフ・E・スティグリッツ
一九四三〜。アメリカの経済学者。コロンビア大学教授。二〇〇一年にノーベル経済学賞受賞。

4
アルクイヌス
七三五頃〜八〇四。イングランドの神学者。フランク王・西ローマ皇帝のカール大帝（七四二〜八一四）に招かれ、宮廷学校を開校。フランク王国における学問復興に貢献。

5
鈴木大拙
一八七〇〜一九六六。仏教哲学者、思想家。石川県生まれ。今北洪川、釈宗演について禅を修行。一八九七年に渡米（一九〇九年に帰国）。仏教、禅の思想の研究・普及に努力した。英文著作も多い。著書に『日本的霊性』『仏教の大意』『禅と日本文化』『大乗仏教概論』などがある。

6
河合隼雄
一九二八〜二〇〇七。臨床心理学者、京都大学名誉教授、京都大学教育学博士。兵庫県生まれ。〇二年一月〜〇七年一月、文化庁長官を務める。スイスユング研究所で日本人として初めて、ユング派分析家の資格を取得。その後、国際箱庭療法学会や日本臨床心理士会を設立。著書に『中空構造日本の深層』『昔話と日本人の心』などがある。

7
ガンディー
一二〇ページ、3章参照

8
ネルー
一八八九〜一九六四。インドの政治家、思想家。インド共和国初代首相（一九四七〜六四）。イギリスに留学し、法廷弁護士となり帰国。ガンディーの指導下で非暴力抵抗運動、国民会議派に参加。四七年のインド独立後、首相兼外相に。中国・周恩来と平和五原則の共同声明を出し、アジア・アフリカ会議を主導するなど国際政治に貢献。

9
パオロ・ジョルダーノ
一九八二〜。イタリアの作家、研究者。トリノ大学大学院博士課程修了、専攻は素粒子物理学。二〇〇八年『素数たちの孤独』を出版、イタリアで複数の文学賞を受賞。著書に『兵士たちの肉体』などがある。『コロナの時代の僕ら』は二〇年に出版され、印税の一部を医療研究や感染者治療に従事する人々に寄付するとしている。

10
ジェーン・グドール

一九三四〜。イギリスのチンパンジー研究者、動物行動学者。国連平和大使。著書に『森の隣人』『チンパンジーの森へ　ジェーン・グドール自伝』などがある。

11
ローマ教皇フランシスコ
一六六ページ、4章参照

12
行基
六六八〜七四九。奈良時代の僧。法相宗を学び、各地で布教のかたわら、民衆とともに道路や橋、堤防、寺院などの建設を行う。一時民衆を惑わすとして禁圧されるが、聖武天皇の帰依を受け、東大寺大仏造営の勧進を行う。日本最初の大僧正となる。

13
中村哲
一九四六〜二〇一九。医師。国際NGOペシャワール会現地代表、ピース・ジャパン・メディカル・サービス総院長。福岡県生まれ。国内の病院勤務を経て、一九八四年にパキスタン・ペシャワールの病院に赴任。難民キャンプでアフガン難民の診療に携わり、さらにアフガニスタン国内へ活動を広げる。二〇〇〇年からアフガニスタンで飲料水・灌漑用の井戸掘削を開始し、大規模な水利事業へと展開。〇三年マグサイサイ賞受賞。一九年アフガニスタンで銃撃され、死去。

2

空海の世界観が教える「参与する」ことの大切さ

空海

七七四～八三五。平安時代初期の僧。弘法大師。真言宗の開祖。八〇四年に唐に渡り、真言密教を学ぶ。高野山に金剛峯寺を建立、京都の教王護国寺（東寺）を真言道場とした。京都に綜藝種智院を開き、子弟を教育した。書にすぐれ、三筆の一人とされる。

言葉の世界からコトバの世界へ——高野山での原体験

中島　この章では、真言密教の開祖として知られる僧・空海を取り上げたいと思います。私は真言密教については、原体験ともいえる忘れられない経験があるんです。

実は、通っていた高校が真言密教の学校で、三泊四日くらいの高野山修行のプログラムに参加させられたんですね。長時間座らされて、護摩《ごま》を焚《た》いて、最後には「はい、これで皆さんはお大師さんの弟子になりました」といわれたのを覚えています（笑）。

でも、その修行が私は嫌で嫌でしょうがなくて、二日目の夜だったか、友達と宿坊を抜け出したんです。そうしたら、外は深い深い闇。歩きながら、自分が闇の中に溶け込んでいくような、自分と世界の区別がなくなってしまうような、不思議な感覚を味わいました。結局行く当てもなく、自動販売機でジュースを買っただけで宿坊に戻ったんですが、あの恐ろしさは今もよく覚えています。

ただ、その後も真言密教と空海に対しては、かなり意識的に距離を置いてきた部分がありました。厳しかった学校への反発と「空海」が自分の中でセットになっていたということもあるし、二〇代でインドに留学し、過激化するヒンドゥー・ナショナリズムを目の当たりにしたことも大きかったと思います。真言密教にも共通する徹底した一元論の危うさを感じて。同じ仏教者でも、むしろ阿弥陀仏の世界（＝浄土）と世俗の世界との距離を強調する親鸞などに興味を向けてきました。

しかし、やはり空海を改めて読まなくてはならないと考えるようになったのは、今回のコロナ危機がきっかけです。

前章でもお話ししたように、新型コロナウイルス問題の本質は「環境問題」だと思います。感染拡大の背景には、人間があまりにも地球環境を破壊し続けてきたために、森の奥にいたウイルスがすみかを失って人間社会へと移りすんできたという事実がある。それと向き合うのであれば、人間の生命にとどまらない、「いのち」全体の問題を考えなくてはならないのではないか——。

そう考えたとき、やはり空海の世界に踏み込んでいかなければならない、という思いが強くなってきました。前章でお話しした、聖武天皇の大仏建立の際の「詔」にある「草や木や、生命あるものすべてとともに栄えていく」という世界観。後で述べるように、空海の思想にもまた、そこに連なるものがあるように感じるのです。

若松　高野山には私も以前、行ったことがあります。大人になってからのことで、昼間だったのですが、それでもものすごく怖かった。寺院に近づけば近づくほど怖くなって、到着したころには同行者に「ちょっとすみません」といってしゃがみ込むほどでした。

そのとき感じたのは、明らかに違う次元の世界がそこにある、ということでした。私たちが暮らす世界は通常、すべてのものが言葉で区切られています。自分と他者、自分と自然……それが高野山に登ったとき、言葉で区切られない世界、井筒俊彦のいう「コトバ」の世界に入った、という気がしたのです。井筒は、一九八四年に日本密教学会大会で行った特別講演をもとにした文章の中で、真言宗とは「コトバの深秘学」であり、「特異な言語哲学」であると述べています。

真言密教が本来的、第一義的に問題とするコトバというものが、我々の普通に理解している言語とは違って、いわばそれを一段高いレベルに移したもの、つまり異次元の言語であるということである。（「意味分節理論と空海」、『意味の深みへ』、岩波文庫）

「コトバ」については、この対談の序章でもお話ししました。言語による言葉たり得ない、人の態度や存在そのものによる意味の表れのことです。

中島　コトバとは存在そのものであり、世界が言葉によって区切られる「意味分節」よりも以前に存在する「異次元の言語」である、と書かれていますね。そして真言密教においては、そのコトバこそが仏そのものであり、根源的なものである――。空海の本質に迫る文章だと思います。

若松　今、コロナ危機に直面している私たちも、言語を超えたコトバがこの社会にとっていかに重要かということに、ようやく気づきつつあるのかもしれないという気がしています。

つまり、人と人が物理的に離れて過ごさざるを得ない今の状況において、見えてきたのは言葉だけでは人と人の交わりは足りないということでした。言葉は人の思いと思いをつなげるものではなく、そのための「窓」にすぎない。その「窓」を通じて奥に入り込み、互いの言葉たり得ないコトバを理解していくことこそが大事だということ、そのコトバの交換が、親しい人との関係性においても、社会や福祉、政治、あらゆる社会活動においても足りていなかったのではないかということを、私たちはやっと理解しつつある気がするのです。空海は、そのことをはるか昔の時代に、当然のこととしてとらえていた人だったのではないでしょうか。

彼は「三筆」の一人として、文字を書くことを極めた人でもありますが、文字もまた、彼にとってはその奥にあるコトバに至るための「窓」だった。そうした世界観が今、私たちにとって重要なものになっているのだと思うのです。

唐に渡った空海――空と海の「化身」として

中島　まず、空海の人生を、重要な部分をピックアップしながらたどっていきたいと思います。

七七四年生まれの空海は、奈良から平安へと時代が移ろうとする時期に青年期を過ごしています。つまり、奈良のいわゆる旧仏教と平安の新しい仏教、二つの時代の境目に立った人だった。このことは、彼の生涯において非常に重要な意味をもっていると思います。

しかもその中で、彼はアカデミズムにおける出世の道を自ら投げ捨てています。一九歳のとき、一年間通った都の大学を「こんなところでは本当の学びは得られない」といって飛び出し、山に向かうのです。学校に籠もって書物をめくるのではなく、在野で学び、厳しい山岳修行をすることによって、真理と対話しようとした。奈良の旧仏教の影響を受けつつも、そこから何とかして抜け出したいという空海の強い思いが、そこに見えるような気がします。

若松　奈良時代には三論宗や華厳宗などの「南都六宗」が栄え、平安時代になってそこに空海の真言宗、最澄[*1]の天台宗の「平安二宗」が加わって八宗になって、現在の仏教の形がほぼ定まった――というのが、多くの仏教の本に書かれている解説です。しかし、この説明だけでは空海がのちに真言宗を開いたことの本質的な意味が見えてきません。重要なのは空海が、仏教の次元そのものを決定的に転換させてしまったことだと思います。

つまり、それまでの仏教は、修行の目的や方法によって大乗仏教や上座部仏教に分かれてはいても、仏の教えは言語や文字という明らかな形で示されるとする「顕教《けんきょう》」でした。そこに空海は、教えの本質、真理は目に見えず、容易に人に伝えられるものではないとする「密教」の考え方を持ち込んだわけです。

中島　そこに至る空海の原体験となっているのが「明けの明星」のエピソードですね。大学を離れて山に籠もった後、空海は仏の真言（マントラ）を唱え続けることで虚空蔵菩薩《こくうぞうぼさつ》と一体化するという修行法「虚空蔵求聞持法《こくうぞうぐもんじほう》」と出合います。そして各地でその行を重ねるのですが、その中で、「明けの明星が口から体内に飛び込んでくる」という経験をした——というくだりが、のちに空海が記した仏教書『三教指帰《さんごうしいき》』にあります。

> 阿國大瀧嶽《あこくたいりようのたけ》に躋《のぼ》り攀《よ》ぢ、土州室戸崎《としうむろとのさき》に勤念《ごんねん》す。谷響《たにひゞき》を惜まず、明星來影《みやうじやうらいえい》す。（『三教指帰』、岩波文庫）

山や海、洞窟といった自然に囲まれての修行の中で味わった、大自然と自分とが一体化していくような感覚。それが空海の説く密教の原点となりました。そして彼は、その感覚に与えるべき言葉や体系を学ぼうと、留学生として唐へと渡ることを決意します。遣唐使の一行と唐の長安に入ったのは、空海、三一歳のときでした。

彼の幼名は「真魚《まお》」といって、いつから空海の名を使い始めたのかははっきりとわかっていません。ただ、遣唐使船に乗り込んだときには、すでに空海と自称していたようです。

当時の人々にとって空や海とは、現代の私たちにとって以上に謎めいたものであったはずです。空の雲の動き、海の波の動きの一つひとつが、自分の心の動きと連動しているようにも見えたかもしれない。その「空と海」を、彼が自分の名前として選んだというのは非常に興味深いと思います。

若松　仏教には、仏には法身《ほっしん》、報身《ほうじん》、応身《おうじん》の三種類のあり方をとるとする「三身《さんじん》」という考え方がありますよね。その奥に「化身《けしん》」という考え方があって、これを含めて「四身」という人もいる。「化身」、つまり教えを説く相手に応じて、仏がさまざまな姿を現すという考え方ですが、空海という名にも、自分は空と海の化身だという思いが見えるように思います。

つまり、自分は何ものでもない、主体は空と海であって、そのはたらきを世にあまねく知らせる道具となるのが「私」なんだということ。人間の立場から空と海を理解するのではなく、自分のほうが空と海に使われる存在だという世界観を感じます。

中島　人間と超越的な存在との媒体になるという、意識もあったのでしょうね。

若松　空海が唐に行ったこともまた、彼自身がそう志したというよりも、何か超越的な存在に動かされた、大いなるものの「道具」となって動いた結果という感じがします。

中島　唐で空海の師となった僧・恵果*2などは、少なくともそうとらえていたでしょうね。彼は中国密教の確立者ともいうべき人物ですが、空海が唐を訪れた次の年の終わりに亡くなっています。自分の後継者が目の前に遣わされたという感覚はあったでしょう。

では、空海の唐行きを「導いた」のは誰だったのか。私は、それはやはり盧舎那仏だったと思います。空海は唐に渡る前、東大寺の大仏殿で「われに最高の教えを示したまえ」と誓願をかけていました。そしてその数日後、夢に大仏——盧舎那仏が現れて、「おまえの求めている経典はこれだ」と、密教の経典である「大日経」を示されたのだといいます。その大日経を学ぶために唐に渡ることを決意するというプロセスが、そこにはあったわけです。

かつて、国家の安寧を願って大仏建立を思い立った聖武天皇、あるいはその労働を担った「知識」の人々。そうした死者たちの思いを継ぎ、そして盧舎那仏に背中を押されるようにして、空海は唐に向かったといえると思います。

両界曼荼羅は、「中に入る」ことで初めて完成する

若松　当時の唐は、単なる「大都会」ではなく、世界の文明の中心地の一つだった。盧遮那仏の導きでそこを訪れた空海が何を学び、何を持ち帰ってきたか。私が面白いと思うのは、それが仏教の枠組みをはるかに超えたものであったことです。

井筒俊彦と作家の司馬遼太郎が、ある対談の中でこんな話をしています。

司馬　空海という人はふしぎですね。たまたま非常にヨーロッパ的な人ですね。
井筒　まったくそうです。私は、空海の真言密教とプラトニズムとのあいだには思想構造上のメトニミィ〔換喩　※引用者注〕関係が成立するだけじゃなくて、実際に歴史的にギリシア思想の影響もあるんじゃないかと考えているんです。
司馬　長安に入った空海は、当然なことですけれども、ネストリアンのキリスト教の教会は見たらしいですし、ゾロアスター教の火のお祭りも見たはずです。ですから当然、プラトン的なものが〔日本に〕来ていないということは、いえませんですね。
井筒　いえません。絶対いえないと思います。（「二十世紀末の闇と光」、『井筒俊彦全集　第十巻』、

慶應義塾大学出版会）

キリスト教ネストリウス派、ゾロアスター教、そしてプラトン。私たちが考えているよりもずっと早い時代に、東西は「霊性」の次元で出合っていた。「仏教」の枠組みにこだわりすぎることは、真言密教を小さくとらえることになってしまうのかもしれません。先ほど、空海は仏教の次元を転換させた、といいましたが、むしろ彼がやったのは、仏教を軸にした宗教次元そのものの転換だったというべきかもしれませんね。

中島　そうですね。もちろん、唐での空海はサンスクリット語を学び、恵果のもとで密教を学んでいるのですが、持ち帰ってきたものはそれだけではありません。彼が帰国後に朝廷に提出した、「御請来目録《ごしょうらいもくろく》」という文書があって、つまりは唐から持って帰ってきたものの目録なのですが、これを読むと、「自分は文明のコンタクトゾーンである唐からあらゆるもの、世界そのものを持って帰ってきたんだ」という気概を感じます。

ただ、その「持ち帰ってきたもの」の中でもやはり非常に重要なのは、大日如来の説く教えを視覚的に表現した「両界曼荼羅《りょうかいまんだら》」――胎蔵界《たいぞうかい》曼荼羅と金剛界《こんごうかい》曼荼羅だと思います。

空海は、大日如来の教え――つまりはコトバの世界が私たちの世界に現れてくるときの多元性を、非常によく認識していた人だったと思います。そして自ら、手を替え品を替えしな

がら、コトバの次元をあらゆる形で表象しようとし続けた。その意味では、詩をつくること
も書をなすことも、あるいは高野山に修行の場をつくりあげることも、のちにかかわること
になる満濃池《まんのういけ》改修のような土木工事も、空海にとっては「同じことをやっている」という感
覚だったのではないでしょうか。

そして、彼がそうした多様な行為を通じて表現しようとしたコトバの世界を、そのまま図
像化したのが「両界曼荼羅」だったのだと思うのです。

若松　私は、この両界曼荼羅というのは、二つの向かい合った曼荼羅の間に私たち自身
が入ることで、初めて曼荼羅たり得るものだと考えています。空海が開いた高野山壇上伽藍
金堂においても、二つの曼荼羅は対面するような形で配置されていますが、その間に私たち
が入ることで、ようやく曼荼羅空間が完成すると感じるのです。

以前、ある美術館で、二つの曼荼羅が絵画のように並べて置かれているのを見たとき、非
常に居心地の悪い思いがしました。そうして正面から二つの曼荼羅を眺めていると、私たち
は曼荼羅を離れたところから「観察する」ことになります。それが、曼荼羅をわからなくす
るのだと思うのです。

そうではなく、曼荼羅の間に私たち自身が「入る」ことによって、曼荼羅と共振する。そ
の経験を通じて、曼荼羅に描かれている胎蔵界でもない、金剛界でもない、二つの世界のあ

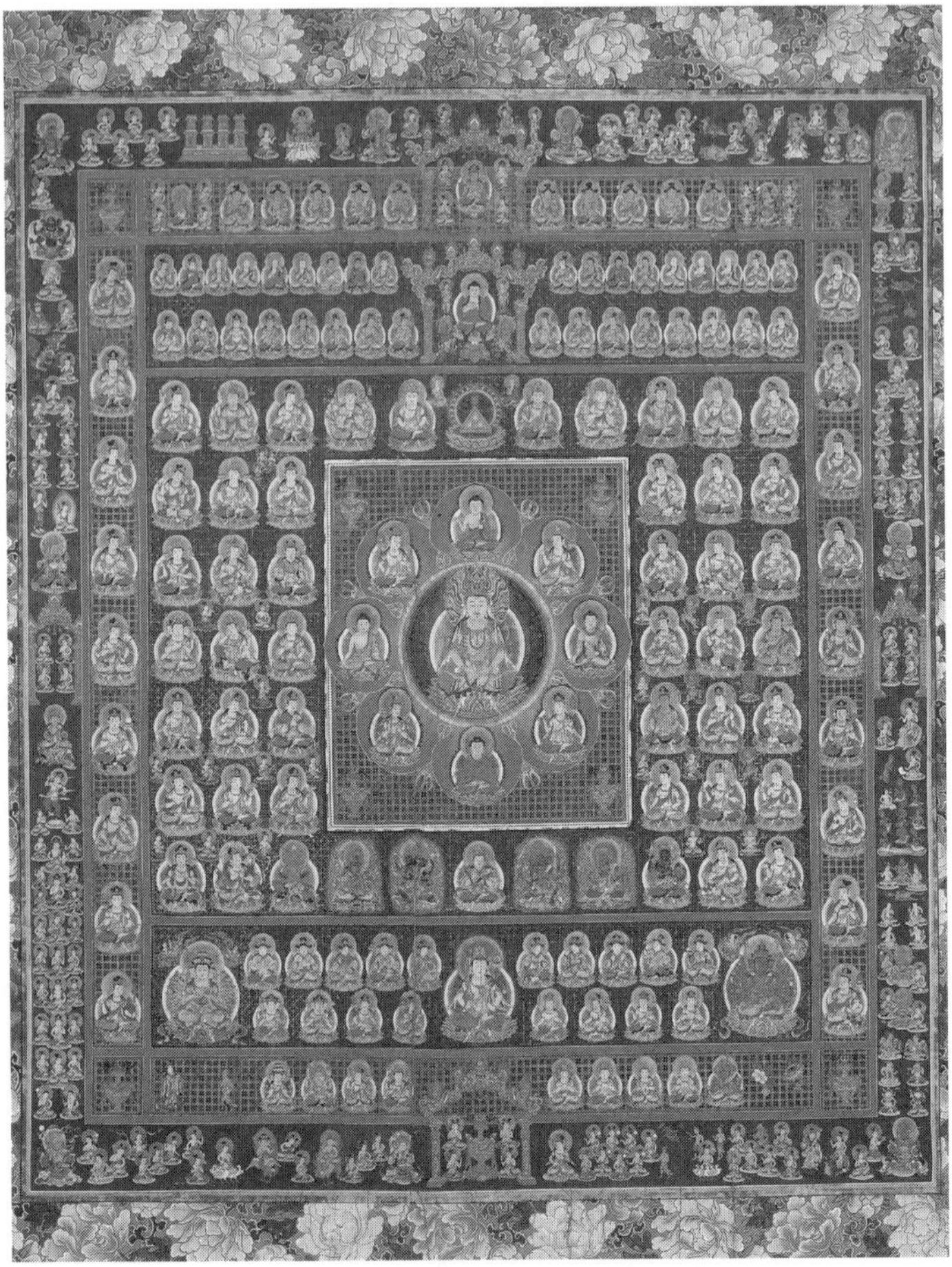

両界曼荼羅図　胎蔵界（桃山～江戸時代）

高野山金剛峯寺 / 提供：高野山霊宝館

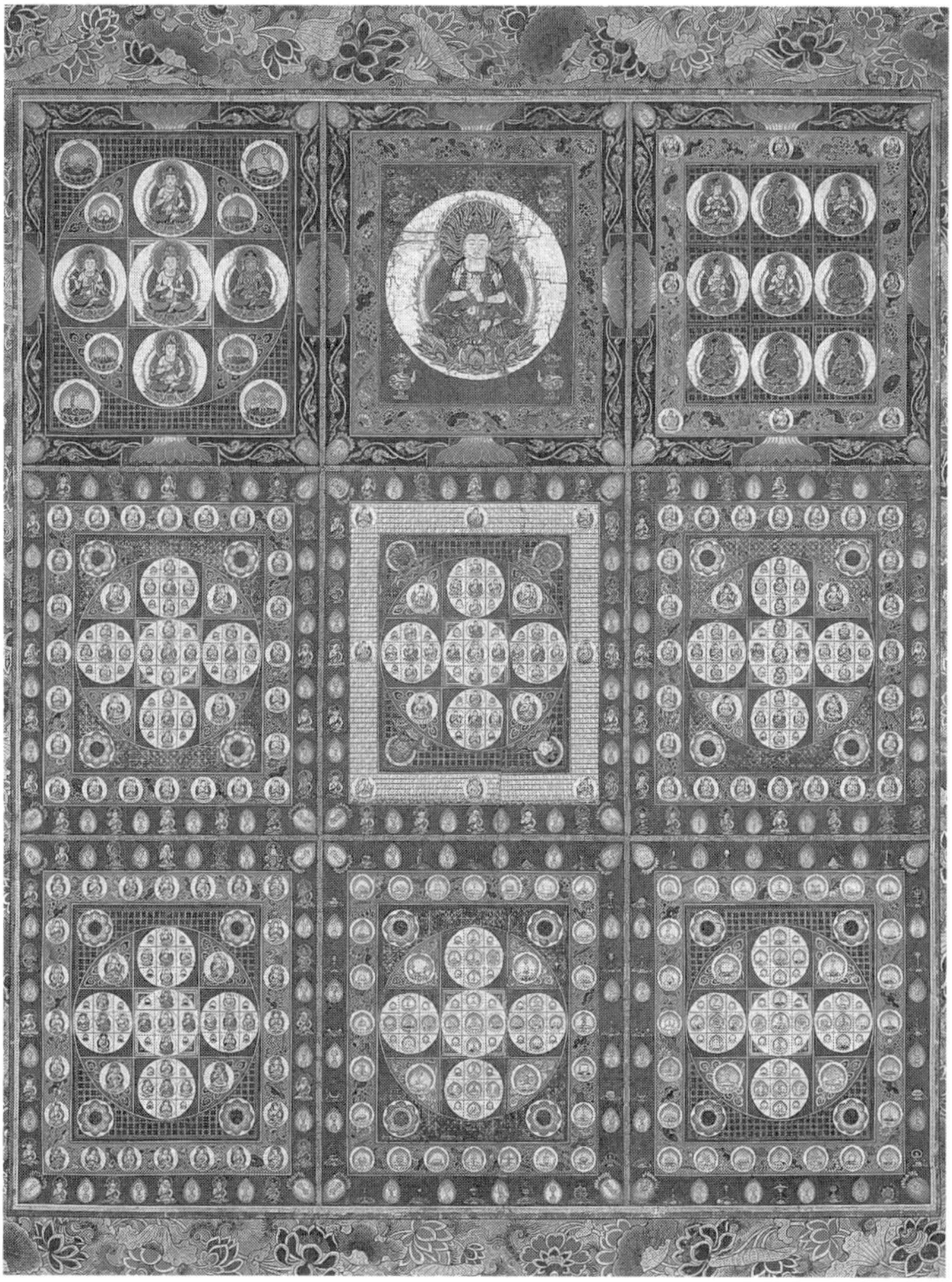

両界曼荼羅図　金剛界（桃山〜江戸時代）

高野山金剛峯寺 / 提供：高野山霊宝館

わいに存在する人間というもののありようを、コトバで理解する。曼荼羅というのは、そのための仕組みなのだと思います。曼荼羅を「観察する」対象としてしかとらえず、「ここに何が描かれていて、こちらには何が描かれていて……」と、美術品のように鑑賞しているだけでは、曼荼羅を本当に理解することはできないのではないでしょうか。

中島　よくわかります。最初にお話ししたように、高校での「修行」体験は私にはとても苦痛だったのですが（笑）、一つだけ感謝していることがあって。それが、まさにその「曼荼羅の間に入る」という経験をさせてもらったことなんです。

実際に曼荼羅の間に身を置いてみて感じたのは、曼荼羅が「動いている」ということでした。もちろん、そのときはうまく言語化できなかったのですが、感覚としてそう思ったんですね。紙に描かれているはずの曼荼羅が潮のように大きく渦巻いていて、そこに自分が巻き込まれていくような感じがしたのです。

胎蔵界曼荼羅は英語でいうspread（広がり）、真ん中に配置された大日如来から放射状に力が広がり、また大日如来へと戻っていくという形ですね。一方、金剛界曼荼羅はspin（回転）型。大日如来の力が渦のようにぐるぐると回っているんです。その意味でも、曼荼羅とはとても動的な存在だと思うのです。

若松　spreadとspinというのは、まさに空と海ですね。つまりは、世界のあり方そのものともいえると思います。

中島　その双方がうごめいている曼荼羅の間に、自分が入っていく。それは、曼荼羅そのものの中に入っていくような、自分が森羅万象に溶け込んでいくような感覚でした。まさに、それこそが修行を通じて空海の味わった世界であり、彼はそれを人々に体感させるために両界曼荼羅を持ち帰ったのだと思うのです。

若松　空海に『吽字義《うんじぎ》』という著作があるのですが、その最初で空海は「字相と字義」について書いています。「字相」とはその文字上の意味、つまり表面上の意味のこと。一方、「字義」はその奥にある深み、文字の真の意味のことを指します。

曼荼羅にもそれと同じように、絵の相と絵の義というものがあるんだと思います。「義」のほうを理解するためには、観察しているだけではなくて、ぐっと中に入って、自分自身がそこに「参与」していかなくてはならない。そうして相と義の両方を理解することが、とても大事だと思うのです。

しかし、私たちは多くの場合、絵のように並べられた曼荼羅を「観察する」だけで終わってしまっています。それは曼荼羅の中に入っていく、参与していくための準備ができていないからともいえるのではないでしょうか。では何の準備が足りないのか、何が私たちを「参与する」ことから遠ざけているのかを、考える必要があると思います。

ライバル・最澄との決裂

中島　続いて、唐から戻ってきた後の空海の歩みを見ていきましょう。

当初の予定よりもかなり早く留学を切りあげて帰ってきたために、しばらくは朝廷から都入りを許されず、九州に留め置かれたりしていた空海でしたが、帰国から約三年後の八〇九年にようやく入京。高雄山寺（現在の神護寺）を拠点に、真言密教の教えを説いて回るようになります。

高雄山寺入りには、同じく唐での留学生活を経て帰国した僧・最澄の手引きがあったともいわれています。最澄は空海よりも七歳年上で、すでに僧として一定の地位を得ていたエリートでしたが、空海の能力を誰よりも正確に見極めていた人でもあった。それで、密教についてもっと深く学びたいと、空海に弟子入りして教えを請うようになるのです。

しかし、この二人の交友関係は、七年ほどで終わりを迎えます。弟子の処遇をめぐっての対立などがよくいわれますが、私はもっと根本的なずれがそこにあったと考えています。「コトバの人」であった空海に対し、最澄はどこまでも「言葉の人」であった。だから、仏の教えもまた言葉で把握できる、ゆえに経典は翻訳可能なものだと考えて、サンスクリット語の学習を重要視しませんでした。一方、空海はサンスクリット語の経典とは言葉であると同時に真言、それそのものがコトバの一端であると考えた。だから翻訳して解釈するのではなく、そのまま音として自分の中に取り入れなければならないと考えて、サンスクリット語を熱心に学んだのです。井筒がいう「純粋シニフィアン」ですね。シニフィアンとは言葉の「音」そのもので、まさに言葉以前のコトバです。コトバと言葉をつなぐ「真言」といってもいい。その世界観の違いが、二人の決裂を決定づけたのではないでしょうか。

若松　そもそも仏教の伝統というのは、口移しに伝える「口授《こうじゅ》」なんですよね。これを文字に直して伝えることはできない――というよりも、文字に直した時点で違うものになってしまうんだと思います。

プラトンが書簡（「第七書簡」）の中で、「哲学の本義は言葉にできない。それは人間の魂から魂へ、火花のように飛び火するものだ」ということをいっています。学びというのはそうして、魂から魂へ火花が飛んでいくことであり、それが蓄積されて灯明になっていくということなのでしょう。それに近い感覚をもった空海と、言葉を基軸にした最澄の違いとは決定的だった。もちろん、最澄は最澄で、非常に優れた人物です。しかし、二人の世界観の差異は容易に埋めがたいものだった、ということだと思います。

「彫り出す」ように山を開く――高野山という曼荼羅

中島　この最澄との決裂と前後して、空海は国家との関係を深めていくのですが、その際に空海が朝廷に求めたのは権力ではなく、修行の場としての高野山の下賜《かし》でした。そしてその山内に、大伽藍の建立を進めていくのです。

私は、これは空海にとって単なる寺院の建立ではなく、それによって高野山全体を立体的な曼荼羅にしたいという思いがあっただろうと考えています。それも、自分が主体となって山を開いていくという感覚ではない。一流の仏師が仏像を彫るときに、木の中にすでに眠っている像を彫り出していくといわれるように、高野山に宿る仏の姿を現すために、「彫り出すように」山を開いていく。それによって高野山という立体曼荼羅を表出させるというように、空海は考えていたのではないでしょうか。インドのエローラに、実際に巨大な岩を彫り出してつくられた石窟寺院群がありますが、空海もそれと同じように「寺院をつくる」というよりも「寺院を彫り出す」という感覚をもっていたのだろうと思います。

若松　「彫り出すように」高野山をつくっていったというご指摘は卓見ですね。そして、これからの私たちの世界のあり方を考えるときにも非常に重要な考え方だと思います。

今ある世界に何かを足していく、たとえばビルをどんどん建てていくというのではなくて、すでに世界に潜在しているものを彫り出すようにして街をつくっていく。世界そのものがすでに「何ものか」であるわけだから、私たちがやるべきことは、その秩序を整えていくことだけ。高野山は、そういうあり方を教えてくれているのではないかと思います。

中島　先日、料理研究家の土井善晴[*3]さんと対談をさせていただいたのですが、土井さんの料理にも同じような姿勢を感じました。西洋料理は味をつくって、足していくのが基本だけれど、和食はそうではないと土井さんはいうんですね。自然の素材に宿る味をどう引き出し、生かしていくかの作業が日本料理だというわけです。

柳宗悦[*4]のいう「民藝」もまさにそうだと思うのですが、分野は違っても、ある一定レベル以上にいる職人の方たちは、多くが同じようなことをいっている気がします。自分は何かをつくり出す存在ではなく「器」にすぎないということですね。土井善晴さんが料理をつくるように、あるいは志村ふくみ[*5]さんが布を染めるように、濱田庄司[*6]が器をつくるように、空海は高野山を開いたのではないでしょうか。そして、そこにある感覚こそが、これからの私たちが目指すべき、自然とのかかわり方なのではないかと思います。

若松　おっしゃるとおりだと思います。さらに、そうした「かかわり方」を考えるときに重要なのが、自然や「聖なるもの」に対する畏怖、畏敬の念ではないでしょうか。これもまた、現代の私たちが失いつつあるものであり、取り戻していかなくてはならない感覚だと思います。

中島　高野山に籠もっていた数年の間、空海は爆発的に……といってもいいほどすごい勢いで文章を書き続けているのですが、そこに表れている中でも重要なのが「六大《ろくだい》」という思想だと私は考えています。「六大」とは、宇宙の万物はすべて地、水、火、風、空、識の六つの要素から成立しているとする考え方です。人間であろうが、草花であろうが石ころであろうが、あるいは大日如来であろうがそれは同じだというのです。

もちろん「私」も六大によって成り立っている、と空海はいいます。その意味で万物は一つであり、仏も人間も自然も本質的な違いはなく、すべてが大日如来の現れであると考えたわけです。

この自然と自分との関係性のとらえ方は、私たちの存在は草や木を含めた、すべての「生類」の命とともにあるのだと述べた聖武天皇の姿勢と非常に連続的だと思います。自分と自然環境とを切り離さず、一体のものとして見るというのでしょうか。あらゆるものが同じ構成要素をもって、森羅万象の中で生きている。それこそがいのちの表れだという感覚ですね。

若松　同感です。また、先ほどおっしゃった、空海が高野山に籠もった時期に膨大な著作を残しているという話も興味深いですね。中島さんがご専門のガンディーも、獄中にあった時期にたくさんの文章を書いていますが、人生にはそうした「籠もりの時期」も必要なのかもしれません。沈黙し、人ともあまり会わずにいる、その中でこそ、長く後世に残っていくような深いコトバが生まれてくるということですね。

現代では、非常に短い時間でいろんなことをアウトプットし、発信するということが習慣づけられていますが、人生のある時期だけでも、長い沈黙の中で深いものをつくり出していくということも必要なんじゃないか。空海の生涯を見ていると、そんなことも考えさせられます。

調和を創造する――「科学」による満濃池改修工事

中島　さて、空海の場合は、その「籠もり」の時期の後に、そこで得たものを社会に還元していく時期に入ることになります。それが現在の香川県仲多度郡、讃岐平野にある満濃池の改修工事という国家プロジェクトでした。

満濃池は七〇〇年代初頭に掘られた、灌漑用のものとしては日本最古・最大のため池ですが、当初から何度も決壊を起こしており、特に八一八年の大雨では、大規模な決壊が起こってあたりが泥の海になってしまいました。朝廷は役人を派遣して改修工事を試みるのですが、なかなかうまくいかない。そこで讃岐国の国司が、讃岐平野出身の空海に築池別当（工事責任者）になってくれるよう、朝廷に上申するのです。

背景には、地元の農民たちの「ぜひ空海を呼んでほしい」という懇請があったといわれます。そして、その前提になっていたのは、旱魃が続いた時期に、空海が各地で雨乞いをして結果を出していたことでした。

これは、「空海に霊力があった」といったスピリチュアルな話ではありません。空海の「雨乞い」とは、現代でいう科学と非常に密着した行為だったのだと思います。もちろん、彼は現代のような気象学や天気図を熟知していたわけではありませんが、山での長年の修行を通じて、雲の動きや風の吹く方向、強さ、空気の匂いなどをもとに、天気がどう動くのかを感知することができたのではないでしょうか。海を熟知している漁師たちが、長年の経験から「これから嵐が来る」と予測するのと同じような感覚であって、それが空海の「科学」だったのだと思うのです。

その「科学」によって雨の予兆を感じ、降雨をいい当てる姿が、人々にとっては民衆救済の菩薩像に見えたのでしょう。そうして待ち望まれて讃岐にやってきた空海のもと、民衆が力を結集させることによって、朝廷が何度も失敗を繰り返していた改修工事がわずか三カ月で完了するのです。

有名なのが、高い水圧に耐えるための「アーチ型の堤防」ですが、空海は現代的な構造理論によってその構造にたどりついたわけではありません。彼にはおそらく、アーチが描く曲線の中に、ある種の「霊力」が宿っているという感覚があったのではないでしょうか。レヴィ=ストロース[*7]のいう「野生の思考」のようなものですね。長年にわたって山に籠もり、自然と向き合い続ける中で見出された「科学」。土木、建築、灌漑、地質、気象、医薬……すべてが彼にとっては、自然と交わる総合的な技術だったのだと思うのです。

若松　江戸時代の思想家で農村改革指導者の二宮尊徳[*8]が、治山の名人としても知られていたことを思い出します。彼もまた、綿密な数学や理学の知識があったわけではありません。しかし、儒教を深く学び、理を説き続ける中で、山における「理」をもまた理解するようになっていった。それによって暴れる山を治め、農業を成功させる力を身につけていったのだと思います。

中島　もともと空海は唐での留学中、宗教学のみならず土木技術や医学・薬学、天文学など、多岐にわたる学問を学んでいました。現代なら宗教学は文系、土木や薬学は理系と単純に分けられてしまうでしょうが、空海にとってはまったく一体のものだった。それを彼は、ある宗教的な次元、あるコスモロジーのもとで体得して帰ってきているんですよね。

若松　それは今、一部の大学でいわれている「文理融合」といったこととはまったく違いますね。単純に理系と文系とを足し算しても、そこからコスモロジーは生まれてこない。むしろ、何か一つのテーマを深く学んでいく中で、コスモロジーを見出していけるような学びの場をつくることの必要性を感じます。

またもう一つ、満濃池改修において重要だと思うのは、空海が水をコントロールしようとしたのではなく、水と人間との間に調和をもたらそうとしたことです。

中島　おっしゃるとおりです。水もまた「六大」、人間を構成する要素の一つなのですから、それをコントロールして従わせるという発想はあり得ません。空海の土木は「自然との調和」を掲げる合気道と重なる部分があると思います。水と心はつながっているというコスモロジーに基づいて、世界の循環を整え直すことが空海にとっての土木だったのでしょう。

若松　空海がやってくる前に行われていた朝廷による改修工事は、おそらくは「水を人間に従わせよう」とするものだった。それがうまくいかず、人々は人間が水とともに暮らしていけるように調和をもたらしてくれる空海を選んだ、ということだと思います。

この「調和を創造する」という発想も、現代に非常に失われているものかもしれません。きたるべき社会は、「調和を創造する」ような社会であるべきではないのか、と考えています。

それは、治水そのものの話だけではありません。私たちにとっての「満濃池」は、私たちの心、意識の動きそのものかもしれない。荒れ狂っている民衆の心を前に、政治家が「ちょっとガス抜きのように穴を空けて流しておけばいい」といった態度でいれば、いつか水は枯渇してしまうでしょう。そうではなく、その「水」の流れをどう調和させ、整えていくのか。そういう発想がもてるかどうかが問われるのではないかと思います。

民衆の力を信頼した学びの場

中島　先ほど、学びの場という話が出ましたが、空海が晩年に最後の大事業として取り組んだのも、「学びの場」をつくることでした。それが八二八年に京都九条に開設された「綜藝種智院《しゅげいしゅちいん》」です。空海がつくったこの「学校」には、三つの大きな原理原則がありました。

一つは「誰でも学べる」ということ。身分の高い家の子弟しか入学できない学校がほとんどだった時代に、空海は庶民にも開かれた学び舎をつくろうとした。「平等な学び」を担保しようとしたのです。

二つめが「幅広く学ぶ」ということ。当時における「リベラルアーツ」といえるかもしれません。しかも現代のリベラルアーツよりもさらに幅広く、空海自身が唐で学んだように、仏教や文学はもちろん、薬学や医学、工学など、あらゆる分野をともに学べる総合的な学びの場だったのです。

そしてもう一つが、完全給費制だったということ。つまり、学ぶ生徒たちからお金を集めるのではなく、お金を支給し、教師・生徒双方の生活を保障する。自分たちがすべて面倒を見るから学びに来なさい、というわけです。

この学校を通じて、空海がやろうとしたのは「知識」の担い手を育成することだったと思います。聖武天皇のところで出てきましたが、人々の自律的・非強制的な行動によってさまざまな事業を展開していく「知識」を、国家レベルでつくろうとしていたのではないでしょうか。

若松　完全給費制の意味は、経済格差が拡大し、奨学金返済などに苦しむ学生たちが多くいる今、まさに喫緊《きっきん》の課題としてあるわけです。空海は決して古くないんですよね。

満濃池改修工事も、空海のもとに集った民衆の力があってこそ実現したものですが、空海という人は一貫して、民衆の中に眠っている力に大きな信頼を置いていたように感じます。だからこそ、完全給費制の学び舎をつくれた。世にいう「学習」ではない、民衆の知恵のようなものを強く信じていたのだと思います。そして、その民衆の英知を真ん中に置きながら、国全体を大きな曼荼羅にしようとしたのが、綜藝種智院という事業だったのでしょう。

先ほど中島さんが「彫り出すように高野山をつくっていった」という話をされましたが、ここで空海が意図した学びの手法も、それに通じるものがあるような気がします。つまり、新しいことをただ詰め込むのではなく、私たちの中にすでにあるものを想起し、整えていくという学び方。現代の私たちは、「これが足りない、だから学ぼう」と、学ぶということを足し算式に考えがちです。空っぽの中にいろんなものを詰め込んでいくというのが近代教育の手法だといってもいいと思いますが、空海の学びはそれとはまったくベクトルが違うんですよね。

そうして「彫り出す」ように学んでいく経験こそが、一人ひとりが内に具えている特性を開花させていくはずだし、綜藝種智院はまさにそういう場所だったのではないでしょうか。

中島　本来なら、大学の教育がそういうものであるべきですね。今の大学の教育は、情報を詰め込むようなやり方に偏りがちです。

若松　そうなんです。学びの結果として、政治家になる人もいれば実業家になる人もいる、社会事業家になる人もいる。そういう多様な人が育っていく場を設けることが、これからの大学、そして社会にとって非常に重要だという気がします。

観察型の社会から、参与型の社会へ

若松　ここまで空海の歩みや思想をたどってきて、改めて強く感じるのは、「観察する」という態度を改めない限り、私たちの社会は変わらないだろうということです。曼荼羅のところでお話ししたように、私たちに「参与する」ことを強く求めるのは、空海の思想の根幹でもあります。そしてそれが、現代に生きる私たちが今、取り戻さなくてはならない感覚だと思うのです。

現代の私たちはこれまで、何においても「観察」しすぎてきたのではないでしょうか。「観察」とは「他人事」ということでもあります。環境問題、差別の問題、貧困の問題……あらゆる問題に対して、常に他人事のように距離を置いて観察し、解説するということを続けてきた。それをやめて、「我がこと」として「参与する」ことができてこそ、社会は変わっていくのではないか。そういう感覚を、空海の著作を読んでいると強く促されます。

たとえば今、アメリカで人種差別反対を訴える「Black Lives Matter」の運動が広がっています。そのニュースを前に「アメリカは大変だな」「人種差別はいけないよな」と考えるだけでは「観察」で終わってしまう。そうではなく、自分の中にどんな差別心がはたらいているのかを考え、自分の心の中にもある差別と正面から向き合う。そのときに初めて参与が始まるのではないかと思うのです。

中島　環境問題などでもそうですね。CO_2の排出量が云々、というデータだけを見て、地球規模の危機を語るのでなく、自分の日常にどう引きつけて考えることができるのか。その感覚をどう取り戻すかが重要だと思います。

若松　その意味では、今回のコロナ危機こそは誰にとっても「我がこと」だったはずです。しかし、安倍首相はそのコロナの問題さえ「我がこと」として語れなかった。この「我がこと」という姿勢から生まれてくるのが「哀れ」です。これは単なる同情の言葉ではなく、「ああ、われ」という心情を表すものなのです。今、政治的リーダーに欠落しているのは、真の意味での「哀れ」の感覚と「哀れ」の叡知だと思います。

さらに問題なのは、政治的リーダーが役割を果たしていないことを、国民が認識できていないことです。だから、体制は変わらない。仮に首相が代わっても、国民がこのままであれば世の中は変わりません。

今、「リーダー論」といえば、当然のように「どうすればリーダーになれるか」という内容ばかりが扱われますよね。でも、実は今の私たちが学ぶべきなのは、「リーダーの選び方」なのではないでしょうか。どんなリーダーを選ぶべきなのか、本当のリーダーとはどんな人なのかを知っておくことのほうが、はるかに重要なのではないかという気がしています。
　というのは、本来ならリーダーを選ぶというのもきわめて参与的なことであるべきなのに、日本の選挙においてはそれさえが観察的になっているからです。候補者の話をよく聞いて、政策を細かく読んで比較検討するというのが「正しい選び方」のように考えられている。でも、本来はそれだけではなくて、曼荼羅の中に入るのと同じように、自分を真ん中に置いて考える必要がある。自分だったらどういう社会をつくっていきたいのか、たとえば経済的に弱い立場の人、障害のある人などいろんな人の立場に立ちながら、どんな人が「よいリーダー」なのかを考えることが、リーダーを選ぶときには必要なはずです。

中島　各政党が掲げるようになった「マニフェスト」も、本来は「宣言」という意味ですから、「私たちの党はこんな社会をつくっていきます」という理念が先に謳われるべきなんです。それが日本では「政権公約」と訳されて、理念なきままに細かい場当たり的な政策だけが並ぶリストみたいになってしまっています。

若松　私たちみんなが、聖武天皇や空海のようなリーダーになることはできません。でも、彼らのようなリーダーを選ぶことはできるはずなんです。そうして観察型の社会から参与型の社会に変わっていくことができるかどうか。それが、これからの世界の大きなテーマになるのかもしれない。空海の言葉を読みながら、そんなことを考えています。

註

1
最澄
七六七〜八二二。平安時代初期の僧。伝教大師。日本天台宗の開祖。近江で得度後、奈良へ。さらに比叡山に移り修行生活に。八〇四年に空海らと入唐し、天台山で学ぶ。帰国後、天台宗を開くことを許される。比叡山に延暦寺根本中堂を建立。

2
恵果
七四六〜八〇五。中国・唐代の僧。長安の青龍寺の曇貞に学び、さらに不空三蔵に従って密教を学ぶ。唐の皇帝たちに信頼され、「三朝の国師」と仰がれる。住まいの青龍寺には東アジア各地から弟子が集まり、空海は晩年の恵果から金剛界、胎蔵界の灌頂《かんじょう》を受けた。

3
土井善晴
一九五七〜。料理研究家。大阪府生まれ。大学卒業後スイス、フランス、大阪にて料理修業。料理学校講師を経て、九二年に独立。「おいしいもの研究所」代表。和食文化を未来につなぐ、持続可能な日本らしい家庭料理を提案している。著書に『土井善晴のレシピ100』『一汁一菜でよいという提案』、『料理と利他』(中島岳志と共著)などがある。

4
柳宗悦
一八八九〜一九六一。思想家、美学者。東京生まれ。学習院高等科卒業のころ文芸雑誌『白樺』創刊に参加。東京帝国大学卒業後、宗教哲学や西洋近代美術に関心を寄せ、朝鮮陶磁器や無名の職人が作る日常品の美に魅了される。各地の手仕事を調査収集し、二五年に民衆的工芸品を称揚するため「民藝」という新語をつくり民藝運動を起こす。三六年日本民藝館を開設。

5
志村ふくみ
一九二四〜。染織家、随筆家。滋賀県生まれ。三一歳で植物染料と紬糸による織物を始める。九〇年に紬織の重要無形文化財保持者（人間国宝）に認定。著書に『一色一生』『語りかける花』など、作品集に『織と文』『篝火』『つむぎおり』などがある

6
濱田庄司
一八九四〜一九七八。陶芸家。神奈川県生まれ。東京高等工業学校窯業科に進学し、のちに陶芸家となる河井寛次郎と出会う。卒業後、河井と同じく京都の陶磁器試験場へ入る。二〇年にバーナード・リーチとともに渡英、陶芸家となる。帰国後、益子へ移住。柳宗悦や河井とともに民藝運動を創始した。

7
レヴィ＝ストロース
一九〇八〜二〇〇九。フランスの文化人類学者。親族、神話の構造分析を行い、構造主義人類学を確立した。著書に『悲しき熱帯』『構造人類学』『野生の思考』などがある。

8
二宮尊徳
一七八七〜一八五六。江戸時代後期の農政家、思想家。通称・金次郎。少年時に父母を失い、農耕をしながら苦学の末、没落していた家を再興。のちに小田原藩服部家の再建や藩領下野桜町の復旧に成功。独自の農村改良策を実践し多くの村々を復興させる。門下はその教えを受け、報徳社運動を展開。

3

隣人と分かち合う。
ともに飢え、ともに祈る。
ガンディーの姿が伝えたこと

ガンディー

一八六九〜一九四八。インドの政治家、民族運動指導者。イギリスに留学して弁護士となり、帰国後、非暴力的方法によって植民地主義と闘う。非暴力主義の立場から無抵抗・非協力・不服従の全国的な反イギリス独立運動を展開する。一九四七年のインド独立後はヒンドゥー、イスラム両教徒の融和に努力したが、過激なヒンドゥー教徒により暗殺。インド独立の父。「マハトマ（偉大なる魂）」と称された。

断食によって争いを止める

中島　この章では、インドの「独立の父」として知られる宗教家にして政治家・ガンディーを取り上げます。

まず、一九四六年にインドのカルカッタ（現コルカタ）で起こったことから話を始めたいと思います。この年は、インドがパキスタンと分離独立をする前年。カルカッタは、ヒンドゥー教徒とイスラム教徒の激しい対立の中にありました。そして、ついに武力衝突が起こったときに、独立運動のリーダーだったガンディーはそこに駆けつけ、断食を始めます。争いがやむまで自分は一切食事をとらないと宣言しての、「死に至る断食」でした。

しかし、なかなか争いはやまない。そんなとき、一人の男が血相を変えてガンディーのもとにやってきます。そして、「私はイスラム教徒だが、三人の大切な息子をヒンドゥー教徒のやつらに殺された。あなたは和平だ、赦しだというが、この私の心にどうしたら赦しが宿るというのだ」と訴えるのです。

それに対して、ガンディーはこう答えたといいます。

「あなたと逆に、イスラム教徒によって親を殺されて孤児になったヒンドゥー教徒の子どもを三人、引きとりなさい。そして、その子どもたちをイスラム教徒ではなくヒンドゥー教徒として育てなさい。その子たちが成人して、あなたに感謝の意を述べたとき、あなたに本当の赦しが訪れるだろう」

男はその場で泣き崩れ、手に握りしめていた武器を捨てて出ていった、といわれています。そして、この話が町中に広まったころ、ついに争いはやみました。それを聞いたガンディーは、窓の外を見て争いの気配がないことを確認し、ようやく食べ物を口にしたといいます。

これはいったい、どういうことなのか。宗教的な断食によって争いを止めるなどという発想は、政治学の教科書には絶対に出てきません。これは反対の意思表示としてのハンガーストライキとは異なります。ガンディーは実際に、しかも今からわずか七〇年ほど前に、宗教的「行《ぎょう》」によって大規模な紛争を鎮めた。とすれば、ここには近代の政治学が見失っている、政治のもっとも重要な部分があるのではないか。むしろそこから政治を見ていかないと、政治の本質に行き当たることはできないのではないか――。

その問題意識が、政治学者としての私の一番の根底にずっとあります。だから、ガンディーはこの対談で必ず取り上げたい人物の一人だったのですが、若松さんにとってのガンディーは、どんなイメージですか？

若松　私のガンディーとの出会いは、映画です。高校生のとき、リチャード・アッテンボロー監督がガンディーの生涯を描いた歴史映画『ガンジー』のレーザーディスクを兄がもっていて、何度も何度も見ていました。その影響はのちに私をインドに導くことにもなっていきます。中島さんと初めて会ったのもインドのデリーでした。

ガンディーは、デリーにある「ビルラ邸」と呼ばれる邸宅で最晩年を過ごし、そこで暗殺されることになります。この場所は、今も私にとってとても大切な場所です。ある意味での霊性の基点です。私にとってガンディーは、社会的人間としてだけでなく、霊性的人間の教師でもあります。

映画を見ていた当時は、どうして自分がこれほどガンディーという人に惹かれるのかわからなかったのですが、今思えばそこには「言葉への不信」があったのかもしれません。私は若いころから、言葉というのは本当のことを伝えていないのではないか、という不信感をずっと抱いていて、ある時期までは本もまったく読みませんでした。そんなときに見た映画のガンディーが、言葉以上のものを体現する人に思えて、非常に魅力を感じたんだと思うのです。

今回、ガンディーの書いたものを読み直したのですが、やはり「言葉」だけを読んでも近づけない人だと改めて感じました。もちろん、彼が口にしたり書いたりした言説は重要です。しかし、彼の人生を考えるときには、伝記や年譜を眺めているだけではなくて、そこに残されていない部分をどうとらえるかが大事なのだという思いを強くしています。たとえば、彼が断食した、という事実は年譜でもわかる。しかし、それは彼が母親から受け継いだ祈りの行為、神に捧げる愛の行いでもあった。そうした精神の事実も見過ごしてはならないと思いました。

特に今は、「レガシー」という言葉が流行ったりして、政治においても「年譜に残ること」だけが重要視される傾向がありますが、ガンディーがやったことは、それとまるで逆でした。

中島　ガンディーの研究者にも、「ガンディーの書いたものを読んでいるだけでは、ガンディーはわからない」と指摘している人がいます。そうではなく、ガンディーという人が民衆レベルでどのように想起されたのかを考えなくてはならないんだ、と。

そもそも、ガンディーを支持した人たちのほとんどは、字の読めない人たちでした。後でまたお話しすることになると思いますが、インド独立に向けて大きな意味をもつことになった「塩の行進」のときも、人々はガンディーの書いたものを読んだから、言葉を耳にしたから従ったのではない。歩くガンディーの姿を一人ひとりが心に思い描いたからこそ、あれだけ多くの人を動かすことができたわけです。

若松　私も言葉を中心に活動している人間ですが、その一方で、言葉にすることで消えてしまう意味がある、と強く感じることもあります。より精確にいえば、言葉に「だけ」してしまうと消えてしまうものがあるということですね。

この対談でもずっとお話ししている、カタカナの「コトバ」――言葉を超えた意味の顕れ、あるいはその人の態度や存在そのものから伝わってくるもの――を伴わない言葉でだけ表現するということは、事実を曖昧にし、ごまかしが可能なかたちにしてしまうことでもある。今日の政治の中で行われているのはまさにそのごまかし、「脱コトバ化」なのだと思います。

それに対して、ガンディーの行為には常にコトバが伴っているから容易に消えない。彼の問いかけが、今も生々しいのはそのためです。

近代において私たちは、知性と理性を偏重するがゆえにコトバを見失ってきたのではないか。知性と理性が重要なのはいうまでもありません。しかし、そこにはそれを支える感性と霊性がともにある、ということが条件だと思います。

いつわりを含んだ言説に翻弄されるのも知性と理性です。一方、感性はそれを直感的に見抜くことがある。そして、その「いつわりだ」という事実を知性と理性によって分かち合おうとするのが叡知の営みだと思うのです。

これもずっとお話ししていることですが、言葉を超えたコトバを発せられる人ではなく、言葉をうまく使ってごまかせる人がリーダーであり続けていることが、私たちの世界をとても生きにくくしていると感じます。

中島　現代では、難しい言葉を並べることが高尚なことだと思われがちですが、実はそんなものでは人は動きません。言葉を超えたコトバが現れてきたときにこそ、人は初めて動く。ガンディーは、そのことを非常によくわかっていた人だと思います。

ガンディーの「準備的」な人生

若松　「年譜に残らない」ものの大事さとも関連するのですが、ガンディーの生涯を見ていくと、彼がやろうとしたことは常に「準備的」だったような気がします。

ここでいう「準備的」という言葉を大切にしていたのは内村鑑三です。内村は、ガンディーの同時代人であるだけでなく、非暴力、不服従という態度においてとても近しい精神の持ち主でした。内村は、人間の生涯とは、自己完結するものではなく、後世に生まれる未知の他者が歩く道を準備することだと述べています。それは同時に、過去の人がつくりあげた遺産の上に生きている、という自覚の表現でもある。

ガンディーも同じような感覚をもっていたのではないかと思います。彼は、自分のやったことの成果を自分は見ることができない、それでいいんだと考えていたのではないか。それに対して、現代の私たちは、自分で達成したことを自分で目撃するのが目標になってしまっている。その姿勢の違いによって、生まれてくるものはおのずと違ってきます。

中島　先ほども出た「レガシー」という言葉の妙な使われ方がそれを象徴していますね。本来、自分でやって自分で見られるものはレガシーでも何でもない。それが今は、オリンピックをやることがレガシーだとか、わけのわからないことになっています。

若松　私たちがいる大学の世界でも、論文を何本書いたかが業績として判断されたりする。でも、本当の価値というのは、歴史が判断することだと思うのです。

歴史はしばしば、その人の内にあって、言葉によって表現されなかったものをよみがえらせることがある。一見、関係のない言説や言葉の断片から、本人には言い得なかったものを受けとる、それが真の歴史家の仕事なのかもしれません。

そして、そこにこそ、時代の常識を覆す力があるコトバが眠っていることも少なくない。それが精神史の実態だと思います。世にいわれる「業績」と、その人の仕事の価値は直結しない。創造的な「迂路《うろ》」（回り道）というべきものの意味をよみがえらせたいです。

中島　そのとおりです。論文を何本書いたか、査読を何本通ったかが学者の価値であるかのようにいわれますが、私がヒンディー語を教わった大学の先生は、在職していた三十数年間、ひたすら新聞や雑誌でヒンディー語の用例をチェックし続けて、日本語・ヒンディー語の決定的な辞書をつくった。彼の人生そのものが一冊の辞書になったようなもので、一〇〇本の論文以上の業績だと思います。

若松　辞書というのはまさに、過去の叡知を受け継ぐ場そのものですね。自分で新しく何かをつくり出すのではなく、言葉という遺産を受け止める行為。そして、何を受け継ぐかは読む人の態度次第です。新しいものを世に送るのではなく、遺産を受けとり直す。この受動的な創造性の意味が見失われつつあるのだと思います。すでに辞書にある言葉の認識を深めるのではなく、どんな新しい言葉が収録されたかばかりが話題になっている。

中島　そうした「過去の遺産を受けとり直す」、創造性を取り戻すという視点からも、ガンディーの人生から学べることは多いと思います。

「放蕩息子の帰宅」とガンディー

中島　ではまず、ガンディーがたどった生涯を見ていきたいと思います。ガンディーは一八六九年、インド西部のグジャラート州で、裕福な家に生まれました。カーストはそれほど高くありませんが、かなり恵まれた出自といえると思います。

グジャラート州というのは、肉食に対するタブーなど宗教的戒律が非常に厳しい地域で、ガンディーの母親も敬虔なヒンドゥー教徒でした。その中で、ガンディーは肉食をしてみたり、たばこを吸ってみたりと、戒律や伝統にあえて抗おうとする「反逆児」として育ちました。果てには自殺未遂も繰り返したと、のちに自伝の中で書いています。

さらに、当時のヒンドゥー社会にはチャイルド・マリッジ（児童婚）という伝統があり、ガンディーもわずか一三歳で同い年の婚約者と結婚しました。今でいう中学生くらいで妻を得たわけで、彼は完全に性欲に溺れてしまいます。「学校にいてもそのことを考え、いつ夜になるか、いつ自分たちが会えるか、このことばかりが気にかかって」（『ガーンディー自叙伝1』、田中敏雄訳注、平凡社）いたと、これもガンディーが自分で書いていることです。

やがて、尊敬する父親が病の床に就くのですが、それでもガンディーは性欲を捨てられません。父親を熱心に看病しながらも、合間をぬって自分の部屋に戻り、妻と抱き合うということを繰り返します。ところがある日、やはり妻と過ごしている間に、父親の容態が急変して亡くなってしまった。ガンディーは父親の死に目に会えなかったわけです。

ガンディーはこのことに深く傷つき、強い反省と贖罪の念を抱きました。「仕えているときにも性欲！　この黒い汚点《しみ》を今日にいたるまで拭い去れませんし、忘れられません」（同）とも書いています。

そんなふうに、人一倍欲望にまみれ、そのことを誰よりも自覚しながら、何度も本質のところに戻ってくるというのが、ガンディーの生涯を貫く構造だった。少なくとも、彼は自伝で、自分の人生をそう振り返っているように思います。

その後、成功欲、名誉欲も非常に強かった彼は、弁護士を目指して二〇代でイギリスに留学します。そしてここでも、ダンスパーティに興じたり、妻を祖国に置いてきている身で他の女性とデートしたりと、さまざまな誘惑に揺れ、それを反省的にとらえながら、自分を見つめ直していくことになる。ガンディーという人が単なる「偉人」ではない、私たちと同じ地平にある存在だと感じる部分です。

若松　父親の死をめぐるガンディーの自伝の記述は、とても印象的です。この事実を神に――それは彼にとって、しばしば隣人である世の人々でもあった――向かって告白する、ということは自伝が書かれる深い動機になっていたのではないかと思います。

ガンディーの人生は、まさに『新約聖書』にある「放蕩息子の帰宅」そのものです。放蕩したがゆえに、神の大いなる愛を逆説的に発見していく。同時に、自分が放蕩によって逃れようとしたものは思っていたよりもはるかに大きくて、結局自分はその枠から抜け出ることができないということにも気づかされるわけです。

私たちのガンディーのイメージといえば、白い粗末な布を身にまとった男ですけど、イギリス留学当時のガンディーの写真を見ると、ものすごくモダンな、洒脱な人ですよね。

中島　はい。高そうなスーツにネクタイを締めて、髪をきれいになでつけて。晩年の、あの丸眼鏡の姿とはまるで別人です。

若松　西洋というものと正面からぶつかり、それを積極的に受容しようとした人だったことがよく表れていると思います。

しかし、その西洋で、彼は自分の内なるヒンドゥーと出合い、宗教や政治へと目を向けていくんですよね。それも、きっかけはイギリスで『バガヴァッド・ギーター』[*1]（以下『ギーター』）を読んだことだった。ヒンドゥー教の聖典の一つですが、彼はそれをイギリスで知人に勧められ、しかも英語で読んでいる。

さらに見過ごしてはならないのは、エマソン[*2]やソロー[*3]といったアメリカの思想家たちとの出会いです。ことにソローの著書『市民の反抗』からは、非暴力、不服従による「闘い」の態度を受け継ぐことになりました。

そのように、自分の中に何があるのかを西洋から教わったということが、ガンディーにとっての決定的な経験だったのではないでしょうか。そして、それを内発的に超克していこうとしたのが、彼の生涯だったように思うのです。

中島　彼は決して生まれながらの聖者ではなく、近代と格闘する中で、自分自身の奥底にあるものと出合い、再帰的に神の存在を摑み直していった人だったということですよね。

そこに私はとても共感するんです。

というのは、今私は自分を仏教徒だと思っていますが、生まれ育った家庭に宗教の色はまったくなく、家には仏壇さえありませんでした。祖母の家に行けば、一緒に仏壇の前に座らされたりもしたけれど、それはあくまで非日常の世界だったのです。

それが、自分にとっての信仰ということを考えだしたのは、大学院時代にインドに留学してからです。そこで自分の空白と出合うことで、「宗教には意味がある」という結論にたどりつき、仏教徒であることを再帰的に選択するに至った。ガンディーもまた、それに近い信仰のあり方をもつ人だったのだと思います。

「古典をもたない」ことの危うさ

若松　ガンディーはイギリスで『ギーター』と出合って自身を見つめ直すことになった。しかし、今の日本に目を向けてみると、そういう歴史の遺産と出合っていない、つまり「古典をもたない」政治家が増えているのは、今の政治における決定的な欠落のように感じられてならない。古典というのは、自分の不完全性、脆弱性を教えてくれるものです。それが何であるかは、人によって違うでしょう。ガンディーにとっては『ギーター』だったけれど、ある人にとっては『聖書』であり、ある人にとっては『論語』かもしれない。ただ、そういう存在をもたないということは、人間の力の過信へとつながります。

人間には何でもできる、あらゆるものを人間がつくれると考える愚かしさと危険性。それが極端なかたちで表れたのがヒトラーとナチスドイツでしょう。古典をもたない人の、同じような危うさが今の政治世界を覆っている気がします。

中島　古典とは、常にそこに立ち返ることによって、反省的に自分を眼差すことのできる軸のようなものですよね。その軸が失われてしまうと、みんなが暴走し始める。

若松　古典を見失っているのは、もちろん政治家だけではありません。今の社会では、誰もが自分を表現することに忙しいからです。それとは逆に、自分を表現するのではなく、さまざまな古《いにしえ》の叡智を受けとることに時間を費やしたのがガンディーの人生だったのではないでしょうか。だからこそ、後で見ていくように、刑務所の中に籠もっている時間もまた、彼にとっては大切なものになり得たのでしょう。

真理のために闘う――南アフリカでの日々

中島　さて、ガンディーの話に戻ります。イギリスで学んで弁護士資格をとった後、彼は南アフリカへと向かいました。

　南アフリカ行きを決めたのは、そこに一大インド人コミュニティがあり、弁護士としての大きな市場があると考えたからでしたが、そこで彼は、インド人の権利擁護運動に深くかかわるようになっていきます。のちにアパルトヘイト（人種隔離政策）がしかれることになる南アフリカは、当時もかなり人種的偏見の強い国で、インド人も黒人ほどではないにせよ、さまざまな場面で差別や偏見にさらされていたのです。

　ガンディーもまた、その偏見を肌で感じていました。仕事で長距離列車に乗ったときのこと、一等車の切符をもっていたにもかかわらず、「（インド人である）おまえはここには乗れない」と、他の車両に移るように指示され、それを拒むと無理やり列車から降ろされてしまうのです。

若松　最初にお話しした映画の『ガンジー』は、ちょうどその場面から始まります。改めてあの場面について考えてみると、あそこで彼は現状を受け入れて、「闘わない」道を選ぶこともできた。けれどそうしなかったというのは、自分の意思とは別なところで物事が動き始めてしまったということだと思うんです。

　つまり、人生の主人公が、小さな私の欲望から、自分の中にあるもっと大きなものへと変わった。自分の欲望や願望を実現するための人生ではない、違うかたちの人生が動き始めた

1906年10月2日。南アフリカ時代のガンディー

写真：Everett Collection／アフロ

のが、ガンディーにとってのあの事件だったのだと思います。

中島　ガンディーはこの後、インド人にカーストや指紋などを登録した身分証明書の携帯を義務づけた南アフリカの法律に抗議し、「皆で証明書を焼き捨てよう」と呼びかける運動などを展開していくのですが、そこで彼の中にずっとこだましていたのはやはり『ギーター』だったと思います。

『ギーター』は、クリシュナというヒンドゥーの神の化身が、アルジュナという王子に「闘え」と説く内容ですが、この「闘い」は決して暴力ではない。真理にコミットせよ、そのために闘うのだということです。

だから、警官に何度殴られても、逮捕されて刑務所に入れられても、ガンディーは屈することなく闘い続けた。そしてその闘いは、権力との闘いであると同時に、自分との闘いになっていきます。この理不尽な状況をつくりあげているのは、イギリスによる植民地支配だけではなく、そのイギリスと同じ近代的な欲望にまみれている自分自身でもあるのではないか。自分自身が変わらなければ、この状況を変えていくことはできないのではないか、と考えるようになっていくんですね。

そこから彼は、仲間と自給自足の生活をするための共同農場づくりにも乗り出します。思索の末に、それをしっかりと行動に移すというのが、やはりガンディーのすごいところです。

若松　ここで彼が経験したことが、のちにすべてインドで花開いていく。南アフリカ時代はガンディーを考える上でとても重要な、「種子」的な時期だといえると思います。ガンディーだけでないのですが、人間の生涯を考えるとき、こうした精神における「種子」的な時期の重要性は幾度考えてもよいと思います。

なぜガンディーの断食は人を動かしたのか

中島　その後、ガンディーは一九一五年にインドへ帰国するのですが、このころのインドはちょうど独立運動の停滞期にありました。イギリスの弾圧によって、主だった運動家たちがみな投獄されたり、海外に逃れたりしていたのです。

そこに戻ってきたガンディーは、南アフリカで実績を重ねた非暴力・非協力の運動をインドでも展開していくことになります。各地で農民運動に参加したりしながら全国を回り、帰国から四年後の一九一九年には、独立運動のリーダーの座に就きました。

このとき、ガンディーがもっとも重視したのは、最初にお話ししたエピソードにもある「断食」と「祈り」でした。リーダーとして民衆をつなぎ、まとめていくためには、ともに飢え、ともに祈ることが何よりも重要であると彼は考えた。それによって人々がさまざまなことを想起し、時には自己を反省的にとらえ直す。そうして人々の中から内発的に湧き上がってくるものこそが、物事を大きく動かしていくと確信していたのです。

つまり、自らの力によって何かを切り拓くというよりは、飢えや祈りを共有することによって、どこからか大いなる力がやってくる。自分はそれを受け止められるような「器」になるんだというのが、ガンディーの一貫した信念だった。そしてそれが、人々がヒンドゥー教とイスラム教の対立を超えてガンディーを支持した理由だったのではないかと思います。

若松　断食といえば、一般的にはつらいものとして認識されがちです。もちろん、肉体的にはそうなのですが、ガンディーの言葉を読んでいると、彼にとってそれは同時に精神の喜びだったということがわかります。自伝には、彼の母親がしばしば断食をしていたという記述がありますし、別なところでは、自分にとって断食とは、神をより近くに感じる日々だった、とも述べています。

彼にとってもっとも重要だったのは神への愛、「信愛（バクティ）」の実践です。断食とは隣人の平和を願って、神の助けを得ながら実践することにほかならない。彼にとっては、五感においては苦痛でも、霊性においてはとてつもなく大きな喜びを感じる瞬間だったんだと思うのです。現代の私たちにとっての喜びとは、「これが食べたい」「これが欲しい」といった、自分の願望が達成されることによってもたらされます。しかし、ガンディーの考えるそれは、神が自分に託した使命を遂行できること。自分の原点、故郷へと帰るような喜びなんですね。

中島　親鸞のいう「絶対他力」と重なるところがありますね。すべてを阿弥陀仏に委ねることで、自力では決して得ることのできない、超越的なところからやってきた何かに包まれたときの歓喜。それが断食をするガンディーの中に宿っていたものなのではないかと思います。

だから断食というのは、単なるハンガーストライキ、誰かへの抗議のために食を断つということとはまったく異なります。そこには、祈りがなくてはならないんです。

若松　祈りは、宗派の違いを超える行為ですね。神を信じていない人ですら、祈るわけです。

そして、祈るというのは、「こちら」の声を「あちら」に届けることである以上に、まず、「あちら」の声を聞くことだと思います。「こちら」の声を届けるだけであれば、それは願いにすぎない。「あちら」とは、必ずしも神とは限りません。隣人かもしれないし、今は亡き死者かもしれないし、歴史そのものかもしれない。そうした自己以外のものの声に耳を傾けるということです。

そうして自分以外の声を聞きながら行動を重ねていくのと、自分が正しいと思うことだけをやるというのとでは、たどりつく場所は絶対に異なると思うのです。「正しいからやるんだ」ということの脆弱性をガンディーが強く意識していたことは、その言動から感じられます。

中島　祈りもまた「やってくるもの」ですね。自分から発する声――「合格しますように」「あれが手に入りますように」というのは祈りではなく願いです。

自分の力ではどうしようもなくなったときに、言葉にすらならないかたちで祈っていたという経験は、誰にでもあるでしょう。それが、やってくる声に耳を傾けることだと思います。浄土真宗においても、念仏とは「仏の声に耳を傾けること」だといわれますね。

若松　先ほど、「自力」「他力」という言葉を使われましたが、今の日本の政治のあり方はきわめて「自力」的だと思います。過度の「自力」的傾向は、超越的存在を世界から見えなくすることがある。超越と人間の世界ではなく、人間だけの世界になってしまう。

政治家は「私はこれをやります」という話しかしなくて、しかも聞いているほうも「どうせやらないだろうな」と思いながら聞いている、というのが、今の日本の政治のあり方です。そうではなく、「あちら」の声に耳を傾けて「私がやるべきこと、求められていることはこういうことだ、だからそれを一緒にやりましょう」といってくれる政治家が現れたら、社会は少し変わるんじゃないかと思うのですが……。

中島　仮に、今の政治家の誰かが断食を試みたとしても、人の心を動かすことはないだろうな、と思ってしまうのも、だからなのかもしれません。

自分たちの大地を取り戻す――スワデーシー

中島　さて、ガンディーが展開した運動には、いくつかキーワードになる言葉がありますが、なかでも私たちにとって重要なテーマになると思うのが「スワデーシー」です。

この言葉は、しばしば「自国品愛用運動」と訳されますが、それだけではありません。ガンディーはそこに、単なる外国製品排斥を超えた深い意味を込めていました。

背景にあったのは、ガンディーより少し前の時代の独立運動家、ダーダバーイー・ナオロジー[*4]による「富の流出」論です。当時のインドは綿花の一大産出国だったのですが、その加工品を大量生産する技術はなかったため、綿花をイギリスに輸出する一方、そこで生産された衣類などを大量に輸入していました。もちろん原材料より加工品のほうが高価なので、インドの富はどんどんイギリスへと流出していく。ナオロジーは、植民地支配下におけるこの「富の流出」構造を変えなくてはならないと主張したのです。

そのために、ナオロジーを含む多くの独立運動家たちは、インドもどんどん機械化を進め、高付加価値の加工品を大量生産できるようにすべきだと考えました。しかしガンディーは、これに真っ向から反対します。それではまた、近代文明の別のシステムへと組み込まれていくことにしかならないと主張したのです。

そこで出てくるのが「スワデーシー」です。ガンディーは著書の中でこう書いています。

スワデシーの信奉者は注意深く自分をとりまく状況に目をくばり、たとえ外国製品より品質が劣り、あるいは値段が高くとも、土地の製品を優先することで、できうるかぎり隣人たちを援助することになるでしょう。彼は商品の欠陥を改善しようと努めますが、欠点ゆえにそれらを見限り、外国製品を採用するようなことはしないでしょう。（『ガンディー 獄中からの手紙』、森本達雄訳、岩波文庫）

あっちのほうが品質がいいから、安いからではなく、身近な隣人がつくったものだから買う。そうすることで市場の原理そのものを乗り越えなくては、富の流出は避けられないとガンディーは考えたわけです。

ヒンディー語で「スワ」は「自ら」、そして「デーシー」は「国」と訳されることが多いのですが、「土地」とか「大地」という意味も含んだ言葉です。つまり、ただ国産品を使おうというのではなく、自分の土地、自分たちの大地を取り戻すんだというのが、ガンディーの考えたスワデーシーだったと思うのです。

若松　「買う」という営みは本来、単に自分の生活を潤すための行為ではなく、ある意味で支持の表明、投票行為だと思います。そういうと、「不買運動」のようなものばかりに目がいきがちですが、実際には日常的に「買う」ということそのものが、とても大きな賛意の表明であり、誰に未来を託したいのかという意思の表明です。買う人がいなければ、それをつくった会社や売っているお店は潰れてしまうわけですから。

事実、外出もままならないコロナ危機の中では、その「買う」という支持表明を私たちがうまくできなかったために、なくなってしまった店や企業もたくさんありました。

中島　「買う」ということ自体が、倫理的な行為なんですよね。私たちが何を大切にし、誰を支えるためにどこからものを買うのかということが、このコロナ危機の中で、よりいっそう私たちに突きつけられていると思います。

多少高いと思っても、「買う」ことによって誰かを支え、そしてまた自分も支えられる。そうした有機的な人のつながりを生むことが、ガンディーの考える「スワデーシー」だった。そしてこれは、ガンディーが「手を使う」ということに意識を傾けていたこととつながっている気がします。チャルカーという昔ながらの糸車で糸を紡ぎ、カーディという手織りの布を身にまとうことを、彼は非常に重視しました。南アフリカ時代に執筆された著書『ヒンド・スワラージ』の中でこう書いています。

機械などやっかいなことに人間たちが巻き込まれると、奴隷になり、自分の道徳を捨てるようになる、と祖先たちは分かっていました。祖先たちは熟慮し、私たちは自分の手足でできることをしなければならない、といったのでした。手足を使うことにこそ真の幸せがあり、そこにこそ健康があるのです。（『真の独立への道（ヒンド・スワラージ）』、田中敏雄訳、岩波文庫）

糸を紡いで布を織る、そしてその布を身にまとうということは、単に糸や布に触るということではなくて、その奥にある何か魂のようなものにふれることだという感覚がガンディーにはあったのだと思います。

若松　ガンディーには、衣とは「魂を包むもの」だという強い認識があったと思います。

この問題を考えるときに思い出されるのは、ガンディーと同時代人でもあり、インドとも交流の深かった岡倉天心[*5]です。彼も和服の意味を重んじました。ヨーロッパの視察旅行に行くときも、和服姿を貫こうとして、日本政府ともめたことがある。洋服を着た写真もありますが、天心にとってそれは、着ることを強いられたものでした。

天心にとっての和服のようなもの、「魂を包むもの」としての衣を自らの手でつくらねばならない、というのがガンディーの手仕事への思いだったのではないでしょうか。

中島　おっしゃるとおりです。単なる布ではない、魂を包むもの。それも、自分の魂だけではなく、他の人の魂をも包むものをつくらなくてはならないと、ガンディーはいっているのだと思います。

手仕事を重視するということには、貧困に苦しむ農村の女性たちに、チャルカーで糸を紡いで布を織るという仕事を生み出すという意味もありました。自分がこの布を買うことによって、他の人の魂が包まれるという感覚を互いにもち合えるような場所をつくること。それがガンディーにとっての、スワデーシーのあり方でした。

これは、労働というものをどう考えるかということにもつながります。あらゆる労働は本質的には他者への奉仕であり、利他的なものであるはずです。どんな仕事であっても、その人がその仕事をしていることによって、他の人が生活していくことができる。そういう「利他の連鎖」こそが労働であって、だから労働とは本来、喜びだったはずなんです。

それが、行きすぎた資本主義のもとで、労働が他者からの搾取になっていたり、苦しみになっていたりして、本来の労働の喜びが奪われている。ガンディーはそこに真っ向から切り込んだ人なんですよね。一人ひとりが自分の役割を果たし、他者に奉仕することで人々が有機的につながっていく。「布をつくる」というのは、そうした本来的な労働のあり方のシンボルでもあったわけです。

「隣人」とは誰か

中島　スワデーシーにおける、もう一つの重要な概念が「隣人」です。ガンディーは地方の村々の小規模な工業を支え、「都市と村落のとてつもない隔たりに橋を架ける」ことが、都市住民の責務、つまりダルマだといっています。

ダルマとは、ヒンドゥー世界における宇宙全体の法則のようなもの。そして、人がその中で果たすべき役割のようなもののことも意味します。そう考えると、これは「隣人になること」「隣人になろうとすること」の重要性を述べた言葉でもある。それまで見失っていた存在と隣人になろうとすることで、新たなダルマが見出されるということ。『新約聖書』にある「善きサマリア人」の話とも重なるのではないでしょうか。

若松　とても重要な指摘ですね。「隣人」という存在もまた、このコロナ危機において私たちが考えなくてはならない喫緊の課題だと思います。

『新約聖書』の「善きサマリア人」では、「隣人とは誰か」と問う法学者に対して、イエスは、強盗に襲われた人を介抱した旅人のたとえ話をします。これは、たまたま目の前に現れた人を救うことが「隣人になること」だということです。つまり「隣人」は、自分の好きな人とは限らないし、価値観が同じとも限らない。さらにいえば、物理的に近くにいる人ですらないかもしれないというわけです。

　この問題を自己の思想の中心においたのが、デンマークの哲学者で、『死に至る病』の著作で知られるセーレン・キェルケゴール[*6]です。彼はすべての人が隣人である、とさえ述べています。すなわち、隣人という言葉の前には敵味方の意味は消滅する、というのです。

　自分が共鳴する相手だけを「隣人」だと考える社会と、誰を「隣人」とするかは自分では選べない、ダルマに従って現れてくるものだと考える社会。ここには、大きな違いがあります。そこを今、私たちはもう一度考え直すべきではないかと思うのです。

中島　『文七元結《ぶんしちもっとい》』という落語がありますね。左官を職とする長兵衛という男が、浅草・吾妻橋を渡っているときに、身投げをしようとしている男・文七に行き合い、彼を救うために大金をポンとあげてしまう。これも、「善きサマリア人」に非常に近い気がしています。

　重要なのは、長兵衛が立派な男なのではなく、博打で借金ばかりつくっている、どうしようもない男だということです。もちろん、自分が善人だとも思っていないし、善行をしようとも思っていない。それが、身投げをしようとする文七を前に「仕方ねえなあ」と、自分にとっても非常に大事なお金を差し出してしまうわけです。別に、文七に共感したからではない、たまたま自分がそこを通ってしまったのが運命なんだ、そこで見過ごせないのが江戸っ子なんだ、という感じなんですね。

だから、「隣人」とは、単にお隣さんと仲良くしましょう、という話ではない。自分に何か利益があるかもとか、そういうことも一切考えずに、ある種自動的に身体が動いてしまうような行為。電車で目の前に足の不自由な人が立ったときに、思わずぱっと席を立って譲ってしまうような、そういう行為にガンディーはダルマを見出したのだと思うのです。

自分の考えるダルマと、神から与えられたダルマ

中島　インドにいると「あなたはあなたのダルマを果たしなさい」という言葉をよく耳にします。「善きサマリア人」のように、自分の居場所で、目の前に現れてきたものや人に対して何ができるのかを考える、それがあなたのスワダルマ（自らのダルマ）です、といわれるんです。

私たちはどうしても、何かの問題について考えようとしたときに、日常の身近なことをす

っ飛ばして大きなことに取り組もうとしがちです。世界を平和にしたい、じゃあ国連職員になろう！　みたいなことですね。でも、その前にまずはスワダルマを果たすこと。それを忘れて、大きなことはできない。そういうことをいわれているような気がしました。

マザー・テレサ[*7]も、同じようなことをいっています。人の役に立ちたいとか、何をしたらいいか？　と尋ねてくる人たちに向けて、彼女は「まず、自分の家庭を、安らぎと、幸福と、愛に包まれた場所にすることから始めましょう」「ほうきをもってだれかの家をきれいにしてあげてごらんなさい、そのほうがもっと雄弁なのですから」といったメッセージを残しています。

ガンディーもまた、同じような感覚をもっていた人だと思います。日常の行為をいつもよりも丁寧に、意識的にやってみることが、実は世界全体の問題とつながっている。一足飛びに大きな問題に向かい合う前に、まずはトポス――自分に与えられた居場所、といった意味なのですが――で、自分の役割、ダルマを果たすことが重要なんだというのが、ガンディーの世界観だったのだと思います。

若松　『ギーター』の中にも「自分の義務が完全にできなくても　他人の義務を完全に行うより善い　天性によって定められた仕事をしていれば　人は罪を犯さないでいられる」（田中嫺玉訳、TAO Lab）とありますね。これもまさに、ダルマのことをいっているのだと思います。

ただ、ダルマについて考えるときに注意しなくてはならないのは、自分では「これが俺のダルマだ」と思っているけれど、実は「本当の」ダルマ――神から与えられたダルマは別のところにあるかもしれない、という問題です。そこのずれが、非常にわかりにくいときがあるのが人間というものだと思います。

『新約聖書』では「人の言い伝え」と「神の掟」（マルコによる福音書　第七章八節、フランシスコ会聖書研究所訳注）という言葉でその差異が記されています。人はしばしば、この二つを混同する。それだけでなく、「人の言い伝え」、すなわち、人間によって改変された「神の掟」を重んじるようになる、とイエスはいうのです。そして、ガンディーの思想を考えるとき、彼がイエスをどう考えていたかは見過ごすことができない、重要な点です。

ガンディーは、常に「人の言い伝え」と「神の掟」、つまりは「人間の考えるダルマ」と「神の考えるダルマ」とのせめぎ合い、緊張関係の中にあった。そこでずっと問いを深めていった人だと思います。

『ヒンド・スワラージ』英語版の巻末に付いているブックリストには『ソクラテスの弁明』が入っているのですが、これもそういう本です。語るソクラテスの中には、「ダイモーン」という神のような存在がいて、常に「ノー」を突きつけてくる。その対話の中で、自分が何をやらなければいけないかが明確になってくるという構造なのですが、ガンディーの中にも、自分に「ノー」を言い続ける存在が常にあったような気がします。

中島　『ヒンド・スワラージ』自体も、ガンディーが若い読者との対話の中で、突きつけられた「ノー」に答えていくというかたちで書かれていますね。

若松　この「内なるダイモーン」を具えているかどうかは、リーダーにとっての非常に重要な資質だと思います。「こんなことをやっていいのか、おまえは」と、常に問いかけ、ノーを突きつけてくる存在。それがなく、自分の中にイエスマンしかもっていない人がリーダーになると、とてつもなく恐ろしいことになる。

自己を統御するということ――スワラージ

中島　もう一つ、ガンディーが掲げた重要な思想が、先ほどから引用している本のタイトルにも使われている「スワラージ」です。

これはガンディーが「独立」を意味して使った言葉ではあるのですが、ここにもさらに深い意味があります。「スワ」はスワデーシーのときと同じ「自ら」、そして「ラージ」は「統治する」「統御する」。つまり、自分自身を統御するという意味が含まれているのです。独立とは、自分自身の欲望の統御とセットでなくてはならない、単なる政治的な独立は真の独立ではないというのが、ガンディーの考えでした。

この信念ゆえに、彼は一時期、独立運動から身を引くことになります。その契機が、一九二二年に起こった「チャウリチャウラー事件」です。インド北部にあるチャウリチャウラーという町で、住民が警官二二人を建物に押し込めて焼き殺してしまったのです。警官がデモ隊に発砲したことへの報復でしたが、事件を知ったガンディーは、「こんなことが起こるのであれば、インドは独立すべきではない」といって、一切の運動をやめてしまいました。自分たちの中の暴力を統御することもできない人々が独立したところで、それは「もう一つのイギリス」をつくることにすぎないと考えたからです。

『ヒンド・スワラージ』に「自治は私たちの心の支配です」という一節があります。正確には「支配」ではない言葉で訳されるべきではないかなと思っていますが、自分の欲望との向き合い方が国家の独立というものへと連続していく。そういう国のあり方を提示したことが、スワラージの非常に重要なポイントだと思うのです。

若松　私は、「私たちの心の支配」の「支配」は神の支配、つまり人間より大きな存在による支配を意味していると思っています。ここでの「支配」は、専制的な征服ではなくて、本当の意味での自由をもたらしてくれるものの顕現のこと。為政者が思いのままにしようとする「人間による支配」とはまったく質の違うものです。真の意味における超越の「支配」と、そこに生まれる「自由」、ガンディーという人はそれを探究していたのではないでしょうか。

中島　おっしゃるとおりだと思います。ガンディーは亡くなる直前、「ヘー　ラーム」とつぶやいたといわれています。これはヒンディー語で、日本語だと「おお、神よ」と訳されるのですが、この「ラーム」とは、ヒンドゥー教の聖典『ラーマーヤナ』に出てくるラーマ王子のこと。ヒンドゥー教においては、彼は神の化身であり、その治世「ラームラージ」こそが理想の政治だと考えられているんです。ガンディーが目指したのは、その「ラームラージ」、すなわち神の支配の「器」になることだったのでしょう。

そして、そのラームラージを実現するためには、スワラージ——自己を統御することが絶対に重要である。そうガンディーは考えたのだと思います。

「マンディル」での日々

中島　さて、チャウリチャウラー事件で運動から距離を置くようになったガンディーは、その後当局に逮捕され、投獄されます。リーダーを失った独立運動は再び停滞期に入りますが、この刑務所で過ごした数年間は、ガンディーにとって非常に重要な時期でもありました。

若松　ガンディーは、著書の中で刑務所のことを「マンディル」（寺）と呼んでいるんですよね。先日、中島さんにそのことを教えていただいて、とても衝撃を受けました。

そのことが書かれている『獄中からの手紙』をめぐっては、中島さんと私は二〇一四年に『現代の超克』（ミシマ社）という本でも対談しています。このときも熟読したはずなのに、刑務所のことを「マンディル」と呼んだというもっとも大切なことを、このコロナ危機の中で自分が想起できなかったことをどこか悔しくも感じました。たしかにあのときも読んだ。しかし、「心読」というには足りないものがあったのだと思います。

コロナ危機にあって、私たちは何ともいえない閉塞感の中にあるわけですが、「閉じ込められている」と考えるのではなく、今自分たちはお寺の中にいるんだと考えると、また別の世界観が得られるのではないかと思ったんです。

中島　そうなんです。ガンディーがインド帰国当初に展開した独立運動を「第一次非協力運動」、監獄とアーシュラム（修行場）で過ごした約八年を挟んで、再びガンディーが動き始めたときの運動を「第二次非協力運動」と呼ぶのですが、この二つには決定的な違いがあると感じます。監獄というマンディルで、ガンディーはよりいっそう思索を深めていったのです。

彼がそこで考え続けたのは、「真の非暴力とは何か」ということでした。それまでも、もちろんガンディーは非暴力を主張し、実践していましたが、たとえばスワデーシーを訴える中では、「外国製品を焼いてしまえ」といった運動も生まれてきていた。その中にも暴力があったのではないか、その暴力がチャウリチャウラー事件につながったのではないか。彼はそう内省し続けたわけです。

その時間があったからこそ、第二次非協力運動、そして後に述べる「塩の行進」が生まれたのだと思います。

若松　ガンディーの生涯には、激しく活動している期間と、それがまったくできなかった期間とが、対照的に入り交じっています。でも、活動できない期間こそ、彼は精神面で猛烈に動いていたんだと思うんですね。社会的活動と精神的活動が縦糸と横糸のように重なって、彼の人生を織りなしているんです。

私たちは今、コロナ危機の日々を、社会的活動と精神的活動の両面で深める日々にできるか否かという問題に直面しています。

さらに、以前のような社会的活動を継続するのではなく、精神的活動を実践するための「余白」の時間をつくり出せるか否か、という問題もあります。活動と余白、これが縦糸と横糸とにならないと、さまざまなものが細っていくのではないかという気がしています。

中島　人生という長いスパンで見てもそうですし、ガンディーは一日の中にも必ず余白をつくる人でした。毎朝、必ずチャルカーを回して糸を紡ぐ。イギリスに行ったときも、ほとんど荷物をもっていないのにチャルカーだけは携えていって、ホテルの部屋で朝、カラカラと回していたそうです。

これは、ガンディーが生涯主張し続けた「スピード感への批判」を象徴する行為でもありました。『ヒンド・スワラージ』の中で彼は、「有害なもの」として、最初に「鉄道」を挙げています。鉄道での移動が可能になると、人々は欲望をかき立てられ、「隣人の論理」を忘れて、より高くものが売れるほうへと移動しようとする。それによって飢餓が起こり、伝染病が広がるんだというわけです。鉄道そのものというよりは、近代的なスピードを批判しているんですね。

この点も、コロナ危機において私たちがもう一度考えてみるべきことかもしれません。

法かダルマか――塩の行進

中島　最後に、有名な「塩の行進」についてもお話ししておきたいと思います。

刑務所を出た後、道場で修行を続けてきたガンディーは、再び独立運動のために立ち上が

チャルカーのそばに座るガンディー

写真：akg-images／アフロ

ります。このころには、のちに独立インドの初代首相になるネルーのような次世代の活動家が台頭していました。ガンディーは彼らと連携していきます。そして、一九二九年末の国民会議派年次大会で、完全独立を要求する提案が満場一致で可決されました。

若い指導者たちは、再びガンディーが独立運動を率いてくれることを期待しました。そして、ガンディーに先頭に立ってくれるよう嘆願しました。しかし、ガンディーは考え込みます。そして、「時間が欲しい」と告げ、アーシュラムに籠もりました。

ガンディーは神からの光がやってくるのを待ちました。そして、「塩だ！」という閃《ひらめ》きを得ます。彼は「これから私は海岸まで歩いて行って、塩をつくる」といい出すのですが、若い指導者たちはなかなか理解できず、反対しました。しかし、ガンディーは考えを変えません。弟子数人だけを連れ、グジャラート州にあるアーシュラムから、約三八〇キロ先の海岸を目指して歩きはじめるのです。

当時、インドでは塩は宗主国であるイギリスの専売制になっており、勝手に塩をつくったり売ったりすることは禁じられていました。人間の身体に不可欠で、しかもそもそもは天の恵みである塩を、なぜイギリスが独占しているのか。ガンディーはその問いを通じて、植民地支配そのものの不当性を人々に訴えようと考えたのですね。

一行の人数は、海岸に近づくにつれどんどん増えていきました。最終的に海岸に着くころには、行列の数は数千人にもなっていたといいます。加わったのは、ガンディーに直接会い、その話を聞いた人たちだけではありません。最初のほうでもふれましたが、人づてに話を聞いたり、新聞で記事を見たりしただけの人たちが、身にはカーディ一枚をまとい、手には杖一本を持ってとぼとぼと歩き続けるガンディーの姿を想像し、強く心揺さぶられたからこそ、それだけの人数になったのです。

海岸に着いた人々は、ともに祈りを捧げた後、塩をつくり始めました。さらにガンディーは、その塩を売るのではなくすべての人に分け与えるように、と告げました。するとインド全土でガンディーに呼応する動きが現れ、見る見るうちに拡大します。その光景に圧倒されたイギリスは、ここからガンディーへの歩み寄りを見せていくようになるのです。

若松　海からとれる塩は、無限にあって、誰とでも分かち合えるもの。それを独占しようとするイギリス、あるいは植民地支配や近代社会というものは根本的に誤っているんだということを、人々が言葉を超えて経験することができたのが「塩の行進」だったと思います。日本にも「塩の道」*8があり、「敵に塩を送る」あるいは「義塩」という言葉もあります。キリスト教でも「地の塩」という表現がある。「塩」は、物であると同時にきわめて象徴的な何かでもあります。

同時に、ガンディーとともに歩くことで、人は神と一緒にいると感じられたのではないか、と思います。貧困や抑圧に苦しみ、イギリスに、あるいは近代文明に押しつぶされているような日々を送っている人々。それが、塩をつくりに行くことで、信頼できる指導者と、そして神とともにいられるとなれば、生活をなげうってでも歩こうとしただろう、と思うのです。それは、現代の私たちが見失っている感覚でもありますね。

中島　おっしゃるとおりで、この塩の行進の一番のテーゼ（命題）は、「法かダルマか」という問いだったと思います。

世俗的な法、つまりイギリスが定めた塩の専売制に従うならば、ガンディーたちインド人が「海岸で塩をつくる」のは罪だということになる。しかし、人間が塩という天からの恵みを受けて生きていくということは、紛れもないダルマの一部です。そのどちらに従って生きるのが正しいのか。その問いに対して、法ではなくダルマに従おう、イギリスとともにではなく神とともに歩めと、ガンディーは訴えようとしたのだと思います。

だから、塩の行進は「イギリスへの抗議」というきわめて政治的な行為であると同時に、宗教的な行為として表現される必要があった。そうして政治的行為の中に、宗教をダイレクトにもち込む。しかもそれを、特定の宗教のシンボルなどを使うのでなく、「歩く」という、どんな宗教においても支持されるシンプルな行為を通じてやってみせたのが、ガンディーのすごいところだと思うのです。

若松　イギリスのような植民地支配だけではなく、人間が必要以上に所有することは搾取である、というのも、ガンディーの基本的な考え方ですよね。これも、現代の私たちがどこかで取り戻さなくてはならない価値観だと思います。

お金をたくさんもっていればいるほど、社会的な評価や信用が高まっていく今の社会は、根本的に間違っているのではないでしょうか。だって、それは「誰かから奪っている」ということなんですから。

中島　ガンディーは「必要以上に多量にもらうのは、盗みです」（『ガンディー　獄中からの手紙』、前出）とまで、いっていますね。

若松　中島さんがおっしゃったように、労働は本質的に「利他」であって、本来は、ものやお金を得る能力だけではなく、分かち合う能力が必要とされるはずです。けれど、近代社会は「得る力」「独占する力」だけを重視して、「分かち合う力」を無視し続けてきた。それをなんとか変えていかなくてはならないと思うのです。

さらに、塩の行進で人々が感じたのは「何もないところからでも分かち合えるんだ」ということでもあったと思います。行進に加わった人々のほとんどは、とても貧しく、社会的地位もない。それでも、海が与えてくれる塩を分かち合うことはできる。誰もが分かち合う主体になれるんだと感じられる場を、ガンディーは塩という媒体を通じてつくり出したわけです。

これは、今後の社会においてもとても重要な発想ではないかと思います。世の中を変えるために、自分にできることなんて何もないと、多くの人たちが感じている。そうじゃなくて、自分たちもまた、誰かから与えられるだけではなく分かち合う主体、もっといえば、分かち合うものをつくり出す主体になれるんだということに気づく人が増えれば、世の中は変わっていくんじゃないかと思うんです。

中島　今回のコロナ危機は、私たちの行動範囲を否応なく狭めてしまいました。今こそ、ガンディーの唱えた「スワデーシー」――「隣にいる人と分かち合うことこそが重要である」――という命題との向き合い方を考えるべきときなのではないかと思います。

それは、ひたすらに欲望を加速させ、人々から労働の喜びを奪いながら成長してきた私たちの社会が、それとは違う新たな価値観を見出していくための大きなヒントになる。そして「隣人の論理」を取り戻す重要な契機になる。「コロナ後」の世界を考えるときの、非常に重要な視点がそこにあるのではないでしょうか。

註

1
バガヴァッド・ギーター
インドのヒンドゥー教のもっとも有名な聖典。略して『ギーター』ともいう。一世紀ごろに成立か。大叙事詩『マハーバーラタ』第六巻に編入されている。

2
エマソン
一八〇三〜八二。アメリカの詩人、思想家。ハーバード大学神学部大学院を卒業。牧師となったが、聖職者をやめヨーロッパへ渡航。帰国後、人間は自然に従って生きるべきであるとする超越主義哲学を打ち出す。ソローの師としても有名。

3
ソロー
一八一七〜六二。アメリカの思想家、随筆家。エマソンの影響を受け、その超越主義哲学を実践するために自給自足の生活を送った。著書に『森の生活』『市民の反抗』などがある。

4
ダーダバーイー・ナオロジー
一八二五〜一九一七。インドの民族運動初期の指導者。ボンベイ（現ムンバイ）で生まれ育ちカレッジを卒業後、数学・物理学の教授を務めた。イギリスに渡り、インド人官吏任用の運動を起こす。帰国後、一八八五年インド国民会議派を結成。九二年にイギリス本国の議会にインド人として初めて議席を得た。経済学、財政学の学者としても知られる。

5
岡倉天心
一八六三〜一九一三。美術評論家、思想家。横浜

生まれ。日本美術の復興を目指し美術界で指導的役割を果たした。一八九〇年に東京美術学校長となる。辞職後、横山大観、下村観山らと日本美術院を創設。ボストン美術館東洋部部長。著書に『東洋の理想』『茶の本』などがある。

6
セーレン・キェルケゴール
一八一三〜五五。デンマークの哲学者、実存哲学の先駆者。著書に『あれかこれか』『不安の概念』『死に至る病』などがある。

7
マザー・テレサ
一九一〇〜九七。カトリックの修道女。マケドニア生まれ。五〇年「神の愛の宣教者会」を設立し、病人や瀕死の人々の保護・孤児救済の施設をカルカッタ（現コルカタ）や世界各地につくった。七九年ノーベル平和賞受賞。

8
塩の道
海辺や川舟の終着点から内陸へと塩が運ばれる道のこと。千国街道（糸魚川〜松本・塩尻）、北国街道（直江津〜追分）、三州街道（岡崎〜塩尻）、秋葉街道（御前崎〜塩尻）などが有名。

4

教皇フランシスコは
宗教の壁を超え、
声を上げられない人々の「器」になる

ローマ教皇
フランシスコ

一九三六〜。第二六六代教皇フランシスコ（在位は二〇一三年三月一三日〜）。アルゼンチン生まれ。イエズス会出身。アルゼンチンで同会の管区長、神学院長などを務めた後、ブエノスアイレス大司教に。二〇〇一年に枢機卿に叙任、一三年に教皇に選出され「フランシスコ」を名乗る。イエズス会会員として、またラテンアメリカ出身として初の教皇。

教会は、野戦病院であれ

若松　この対談では、中島さんと私が思いつくままに歴史上の人物を挙げて話をしてきたわけですが、結果的にここまで登場してきたのはみんな「危機の時代を生き抜いた人」だったような気がします。この章で取り上げる現ローマ教皇・フランシスコもそうです。

教皇フランシスコは、二〇一三年に前教皇・ベネディクト一六世が高齢を理由に退位した後を継いでローマ教皇になりました。教皇というのは亡くなるまで務めるのが慣例で、「教皇の退位」自体が六〇〇年ぶりという異例のことです。しかも、二〇〇〇年代に入って、カトリックの神父らによる児童への性的虐待事件が相次いで報道されたこともあり、カトリック教会への批判の声が世界中で高まっているときでした。

そんな、まさに「危機の時代」に教皇に就任したフランシスコは、その向かい風を改革の原動力にしました。「教会の変革」を強く呼びかけながら、リーダーとして教会を率いてきたのです。

教皇の場合「リーダー」という言葉には、いくつかの側面があると考えています。

一つは、バチカン市国という都市の元首であるという、政治的・社会的な意味です。そしてカトリック教会のトップなわけですから、当然スピリチュアルな、霊性における指導者という面ももっている。そしてもう一つ、社会正義におけるリーダーでもあったと思うのです。フランシスコの掲げる「正義」とは何かを考えるとき、彼が出した回勅を書籍化した『ラウダート・シ』という本が、それを端的に教えてくれます。

ここで教皇は、気候変動問題への取り組みを強く訴えました。この提言は教会内で共有されただけでなく、パリ協定の下支えになったといわれているものでもあります。そこでフランシスコが語っているのが「気候正義（Climate Justice）」という考えに収斂《しゅうれん》されるものです。彼は「環境についての討論の中に正義を取り入れなければならない」と語っています。

ここでいわれている「正義」とは、立場、能力の優劣などにかかわらず、神のはたらき――ここでは自然の恩恵――が万人に平等に行き渡るということです。つまり、限られた人にだけ何かが与えられるというのは正義に反するということを、フランシスコはとても強く語っています。

気候変動もまた、結果としてもっとも弱い立場に置かれている人たちを一切の慈悲なく強く責め立てることになっています。これは正義に反している、というのが彼の基本的な考え方なのです。

本来は、この政治性・社会性、霊性、正義という三つの要素は、宗教家であるかないかにかかわらず、すべてのリーダーがもっていなくてはならないものなのではないでしょうか。霊性は、宗教性と同義ではありません。しかし、人間を超えた何らかの存在に対する畏敬の念と行動の原理を意味します。そして、霊性と呼ぶべきものは、そこに分断ではなく「つながり」を生むものでなくてはならないように思います。

教皇というのは、何か非常に特別な立場のように感じられますが、フランシスコは実は宗教界に限定されないリーダーシップの可能性を体現しているように思います。

中島　まず、コロナ危機に関連して、彼が教皇就任直後のインタビューで語ったこの言葉についてお話ししたいと思います。

> 教会が今日最も必要とすることは、傷を癒す能力です。信ずる人たちの心を温める力です。身近さと親しさです。教会は戦闘後方の野戦病院だと思います。(中略)教会はこれまでしばしば些細なこと、小さな掟にかかわりすぎていました。最も重要なことは、〝イエス・キリストはすべての人を救われた〟という幸いな知らせです。(「教会は野戦病院であれ」、門脇佳吉訳、『中央公論』二〇一四年一月号、中央公論新社)

コロナ危機の中では、感染した人たちに寄り添おうとするあまりに、自らも感染して命を落としたカトリックの神父たちが何人もいたと聞いています。それはもちろん悲しむべきことですが、同時にフランシスコのいう「野戦病院」を体現した姿だとも思えました。命を失いそうな人がいるのであれば、「小さな掟」にかかわりすぎるのではなく、まず救うために駆けつけよ。その感覚が、教皇がリードする教会のあり方の一つだというのが、彼のメッセージだったのではないかと感じました。

若松　「野戦病院であれ」というのは、敵も味方もなく、ということでもあると思います。倒れている人は、とにかくみんな救い出そうとする。そういう教会であれということです。

フランシスコの思想のキーワードとなる言葉の一つが「開かれた教会」です。彼にとっての教会は、何よりも「みんなの家」――フランシスコはよく「ともに暮らす家」という言い方をしますが――なのだと思います。

これまで教会はキリスト教徒だけのものだと思われていたけれど、これからは違う。教会とは、宗教を問わずあらゆる人たち、とりわけ困っている人や貧しい人、苦しんでいる人がともに暮らす家であって、キリスト教徒はその管理人のようなものだ、とフランシスコはいうのです。そして信徒に対して、教会という「家」をメンテナンスするのが信徒の仕事なのだから、その役割を果たそうと呼びかけるわけですね。

「羊の匂い」のする教会

若松　「使徒的勧告」といわれる、教皇のメッセージをまとめた信徒へ向けた文書があります。その一つ『福音の喜び』にも、フランシスコのこうした考え方がよく表れている部分があります。

わたしは、出て行ったことで事故に遭い、傷を負い、汚れた教会のほうが好きです。閉じこもり、自分の安全地帯にしがみつく気楽さゆえに病んだ教会よりも好きです。中心であろうと心配ばかりしている教会、強迫観念や手順に縛られ、閉じたまま死んでしまう教会は望みません。わたしたちが憂慮し、良心のとがめを感じるべきは、多くの兄弟姉妹が、イエス・キリストとの友情がもたらす力、光、慰めを得られず、また自分を迎えてくれる信仰共同体もなく、人生の意味や目的を見いだせずに生きているという事実に対してです。（『使徒的勧告　福音の喜び』、日本カトリック新福音化委員会訳・監修、カトリック中央協議会）

『福音の喜び』（原書）が発表されたのは二〇一三年ですが、コロナ危機の今読むと、「人生の意味や目的を見いだせずに生きている」という言葉が非常に重みをもってきます。

コロナ危機で「不要不急の外出」が制限され、思うように仕事や趣味の活動ができなかったり、人に会えなかったりしたことで、私たちはまさに「人生の意味や目的」を大きく阻害されました。それによって多くの人たちが、心の深い部分に傷を負ってきたのではないでしょうか。それなのに、経済的な補償などの表面的なことばかりが注目されて、その深いところの傷は見過ごされ続けてきてしまった。

そうではなく、深い部分の傷への手当てをしっかりしないと、たとえば自死のような現象にもつながってきてしまう。だから私たちは危機に対しては、場当たり的ではなく根本的な対応をしていかなくてはならない。そのことを、コロナ以前からずっと訴えていたのがフランシスコという人だったのだと思うのです。

言い方を変えれば、危機というのは私たちの根本を揺るがすのだから、その根本のところをこそ支えられるつながりを育てていかなくてはならない。それもキリスト教徒以外も含めたすべての人たちの生活の根本を支えるのが教会の役割だとフランシスコは訴えている。ここが、以前の教会と一番大きく変わったところだと思います。

中島　もう一つ、やはり教皇就任直後のフランシスコの発言で非常に印象に残っているのが、「羊の匂い」という言葉です。ローマ教区の司祭たちが集まるミサで、「自分の羊の真ん中にいる、羊の匂いのする牧者となってください」といっているんですね。

「羊」というのは一義的にはもちろん信者のことなのでしょうが、フランシスコの場合はそれだけではないように感じられます。すべての民衆、すべての人々の近くにいることが必要である、と説いているのではないでしょうか。前出のインタビューの中でも、こういっていますね。

教会は、戸を開けて人々が来るのを待っていて、来れば受け入れるだけではだめです。新しい道を見出す教会、内に籠もるのではなく、自分から外に出て行き、教会に通わなくなった人々、来なくなった人々や無関心な人々のところに出かけていくような教会であるよう一緒に努力していきましょう。（「教会は野戦病院であれ」、前出）

教会は、キリスト教に「無関心な人のところ」へ向かうべきだという。この考え方は、彼が教皇になるまでずっと生まれ育ったアルゼンチンで暮らしていて、バチカンの中枢で働いたことがないことと関係しているのではないかと考えています。バチカンの官僚機構の中に組み込まれず、常に現場にいて、さまざまな葛藤の中でもがいてきた人。自分でも「たくさんの過ちを犯した」といっているように、苦悩の上に立っている人であるということが、非常に重要なのではないかと思うのです。

さらに、彼は教皇になると、今度は世界中を駆け回るようになりますね。それまでほとんどアルゼンチンから出なかったことと矛盾しているようにも思えるのですが、そうではない。アルゼンチンという現場で常に「羊の匂い」を求めて歩いていた人が、その活動を世界に広げたという、それだけのことだと思うのです。彼自身もイタリア系移民の子ですし、すべての人間が「神を求める旅人」であるという発想が強くあるのではないかと感じます。

若松　「羊の匂い」の「羊」というのは、『聖書』では、しばしば「人間」の比喩として用いられる言葉です。それも、「神とともにいる人間」ということなのです。そして「羊」を率いる者が「牧者」。プロテスタントの聖職者を「牧師」と呼ぶのはそうした背景があります。つまり、「羊の匂い」のしない教会というのは、単に人間の匂いがしない教会ということではない。そこには神もいないのではないかという、非常に鋭い批判なわけです。

神の家であるはずの教会が、もはやそうではなくなってしまっている。これは、カトリックだけではなく現代における宗教に共通する大きな問題かもしれません。たとえば仏教でいえば、寺は今も本当に「仏の家」であり続けているのかを顧みてみる必要があるでしょう。

さらにいえば、国会という「政治の家」をはじめとする、公共の権力という「見えない家」もまた、民衆のためのものではなく政治家のためのものになっているのではないか。私たちはもう一度、民衆のための「家」を建て直さなくてはならないのかもしれません。そういう社会正義についての議論につながってくるのは自然なことです。

貧しい人たちから学ぶ

若松　フランシスコは二〇一九年に来日しているのですが、そのとき彼が話したことの中でも非常に感銘を受けたのが、広島の平和記念公園で開かれた「平和のための集い」でのスピーチでした。少し長いですが引用します。

わたしは平和の巡礼者として、この場所を訪れなければならないと感じていました。あのすさまじい暴力の犠牲となった罪のない人々を思い起こし、現代社会の人々の願いと望みを胸にしつつ、じっと祈るためです。とくに、平和を望み、平和のために働き、平和のために自らを犠牲にする若者たちの願いと望みです。わたしは記憶と未来にあふれるこの場所に、貧しい人たちの叫びも携えて参りました。貧しい人々はいつの時代も、憎しみと対立の無防備な犠牲者だからです。

わたしは謹んで、声を発しても耳を貸してもらえない人たちの声になりたいと思います。現代社会が置かれている増大した緊張状態、人類の共生を脅かす受け入れがたい不平等と不正義、わたしたちの共通の家を保護する能力の著しい欠如、あたかもそれで未来の平和が保障されるかのように行われる継続的あるいは突発的な武力行使を、不安と苦悩を抱いて見つめる人々の声です。(『すべてのいのちを守るため　教皇フランシスコ訪日講話集』、カトリック中央協議会)

私はこれを広島で聞いたのですが、そのときのことは今でも忘れることができません。このスピーチは、彼がどんな思いで広島を、そして日本を訪れていたのかということを端的に伝えていたと思います。

特に重要なのが、「貧しい人たちの叫びも携えて参りました」という一節です。彼は「教皇フランシスコ」の声など聞かないでくれといっているわけです。私の声を聞くのであれば、私が携えてきた貧しい人たち、いくら声を発しても世界から耳を貸してもらえない多くの人たちの声を聞いてほしい、そう訴えているんです。

この後引用するフランシスコの言葉もまた、すべてカトリック信者一三億人のトップに立つリーダーの声であるだけではなく、声を発しても世界に耳を傾けてもらえない人たちの声であるということを前提にしたいと思います。こうした言葉への態度は、彼の霊性の根底にあるものですし、たとえばヒトラーのような独裁者タイプのリーダーとフランシスコが根本的に違うところだと思います。独裁者は、常に「私」を表現しようとし、自己のために他者を犠牲にしようとします。そうではなく、声を上げられない人の声を届けるための「器」になろうとするのが、フランシスコというリーダーなんです。

中島　それは、フランシスコの書いたものを読んでいても強く感じますね。この対談の序章で、ヒンディー語における「与格」の話をしました。「私が悲しい」のではなく「悲しみが私にやってくる」というように、自分は何かを受け止め、とらえるための「器」だと考える文法構造のことです。フランシスコは、その「与格」的な姿勢を強くもっている人だと感じます。「私は」という視点から話をしないのが、彼の特徴だと思うのです。

そして、その行きつく先には、「貧しい人たちの声の器になれない人間が、神の声の器になれるはずがない」という思いがある。神の声を聞くためには、徹底して人々の声を聞き、それを受け止める「器」でいなくてはならない。「器」として聞き続けてきた人々の声を携えて、自分は広島にやってきたのだという思いが、先ほどのスピーチには込められていたのではないでしょうか。

若松　「与格」についての話をお聞きしたとき、「器」という感覚は、中島さんの思想のとても重要な何かを表現しているように感じました。「器」とは何かを受けとるものでありながら、何かを誰かに注ぐものであり、また、そこにあるものを皆と分かち合うものでもある。

フランシスコは、もちろん「貧しい人たちを助けましょう」ということも語りますが、それだけではないんです。いつも「貧しい人たちに学べ」という。そうでなければ、本当の意味で貧しい人たちとともにあることにはならないんだ、と。

学ぶという態度をとるためには、対等であるのではなく、頭を下げて教えを請わなくてはなりません。過酷な危機を生き抜いてきた貧しい人たちには、そうして教えを請う価値がある、特別な叡知があるとフランシスコは信じている。それは彼の思想ではなく、経験なのです。

彼が教皇になる前、アルゼンチンで神学校の責任者をしていたときも、学生たちに向かって「休みの日には街に出て、貧しい人たちから学んできなさい」と口癖のようにいっていたと、かつて神学生の一人だった神父から聞いたことがあります。

中島　貧しい人たちと「ともにあること」を非常に重視するのは、3章で取り上げたガンディーとも共通する姿勢です。

イギリスの植民地支配に対する抗議行動として行われた「塩の行進」のとき、彼は布一枚羽織っただけの姿で炎天下をとぼとぼと歩き続けました。偉大な指導者であるガンディーが、自分たちと同じようなみすぼらしい姿で歩き続けている。そのイマジネーションが、毎日過酷な労働に苦しんでいた貧しい人々を惹きつけ、行進に加わらせていく原動力になったわけです。フランシスコにもそれと同じような、「ともにあること」を示す姿勢が随所に見られるように思います。

コンクラーベ（教皇選挙）で教皇に選出された後、バチカンの広場に面したサンピエトロ大聖堂のバルコニーに姿を見せたフランシスコは、教皇の象徴であるモゼッタ（短くて赤いケープ）も身につけず、胸にかけていたのも金ではなく鉄製の十字架でした。さらに、足元は通常教皇が履くことになっている特製の赤い靴ではなく、普段履きの黒い靴のまま。教皇の富の象徴ともいえるものを、最初から捨てていったわけです。その後、宿舎に帰るときも、リムジンではなくバスに乗り、宿舎の支払いを自分の手で済ませたといいます。

また、自分の誕生日には、ホームレスの人々を招いて食事会を開いています。そこで「食事は何とか手に入っても、シャワーを使えないのがつらい」と聞くと、さっそく公衆トイレの脇に無料のシャワー設備をオープンさせたりもしていますね。そうした行為を通じて、「ともにあること」を実践しようとしているのだと思います。

そして、その根本にあるのは「わたしたちは弱い罪人」であるという思いではないでしょうか。この言葉は、フランシスコの説教や講演などをまとめた書籍『教皇フランシスコ　いつくしみの教会』に出てくるのですが、同じ本の中にこうも書かれています。

神はわたしたちをご自身の貧しさで豊かにするために貧しくなられた（中略）。神は、キリストを彼らのうちに見出し、彼らの力になるだけでなく、彼らの友となり、彼らの声を聞き、彼らの側に立って話し、そして神が彼らを通してわたしたちと分かち合おうとする神秘的な知恵を持つようにわたしたちを招かれています。（『教皇フランシスコ　いつくしみの教会　共に喜び、分かち合うために』、栗栖徳雄訳、明石書店）

貧しくあること、貧しさにあえいでいる人たちとともにあることこそが、神との接近であるという強い感覚が彼にはある。そしてそれが、フランシスコという人の行動原理なのだろうなと思います。

若松　ここで書かれている「神秘的な知恵」というのが、先ほどふれた「貧しい人たちに学べ」というときの、貧しい人たちがもっている知恵、叡知ということなのだと思います。もう少しわかりやすい言い方にすれば、「常ならぬ知恵」という感じでしょうか。危機的な状況をくぐり抜けてきた貧しい人たちにこそ、常ならぬ知恵が宿っている。それを私たちは

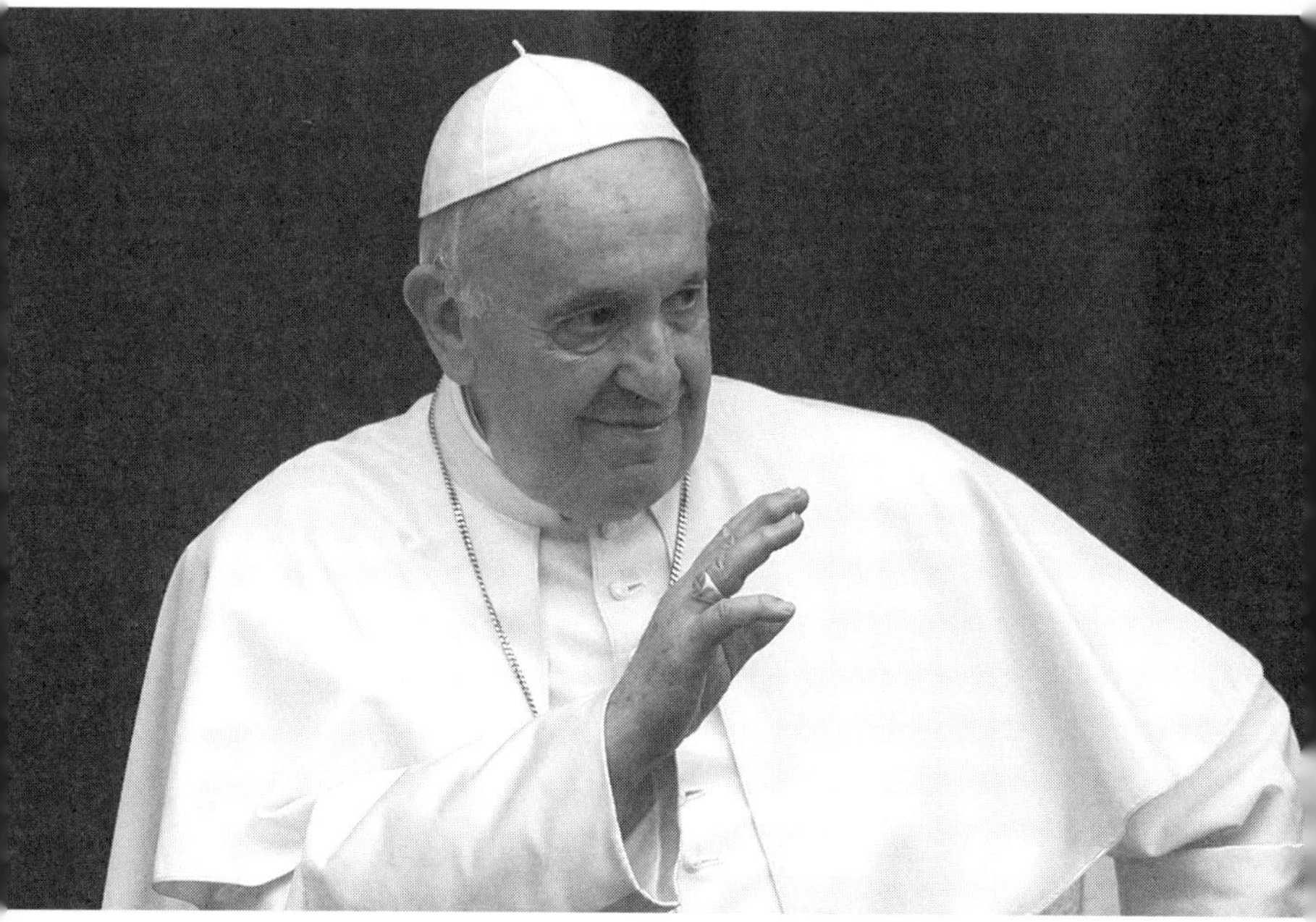

2020 年 9 月 2 日。バチカンの中庭に姿を見せた教皇フランシスコ
写真：ロイター／アフロ

学ばなくてはならないというのが、フランシスコの考えなのだと思います。

ローマ教皇とは誰か

若松　ここで、改めてですが、ローマ教皇とはどういう存在なのか、どのようにして選ばれるのかということにもふれておきたいと思います。

以前「教皇って世襲なんですか」と聞かれたことがあるのですが、もちろん世襲ではありません。そもそもカトリックの神父はみな独身なので、世襲になりようがないのですが……。

カトリック教会は、「ローマ教皇」を次のように定義しています。

ローマの司教、
イエス・キリストの代理者、
使徒たちのかしらの後継者、
普遍教会の最高司教、
イタリア首座司教、
ローマ管区首都大司教、

バチカン市国元首、
神のしもべたちのしもべ。
（「教皇（きょうこう）とは？」、カトリック中央協議会ウェブサイト）

「普遍教会」とはカトリック教会のことですが、これは「自分たちこそ普遍だ」というのではありません。カトリック教会とは、普遍教会になろうとしてまだなれていない、いわば永遠の未完成の教会であって、教皇はそのことを体現している存在だということなんです。「使徒たちのかしらの後継者」とは、イエスの一番弟子であったペトロの後継者ということです。大切なのは、このペトロが聖職者ではなく、非常に「普通の人」であったということ。もともと漁師であって、妻帯もしていたし、おそらくは、さほどよく字も読めないし書けなかったと思われます。その「普通の人」がイエスとの出会いによって変容していく、というのが重要なのですが、教皇はその後継者として位置づけられているんですね。
そして、一番大事なのが最後の「神のしもべたちのしもべ」。カトリック教徒が「神のしもべ」であるならば、教皇はさらにその「しもべ」と位置づけられる。教皇とは一番華々しく見えるけれど、実は一番低い場所にいる人なんだということです。真の意味での「公僕」だということで、現代のすべてのリーダーに取り戻してほしい感覚です。それを非常に大事にしているのが、フランシスコという人だと思います。

中島　加えて、面白いなと思うのは、歴代の教皇が多くの人たちから「パパ（Papa）」と呼ばれてきたことです。ガンディーも生前、民衆から「バープージー」と呼ばれていました。「おじさん」くらいの意味で、ガンディーも、そのくらい親しみある存在として見られていたんですね。どこかの宮殿にいるえらい人ではなくて、自分の隣にいる人という感じです。先ほどお話しした「ともにあること」という感覚と非常に近いと思うのですが、ガンディーも、そして教皇も、そうした存在として認識されてきたわけです。

しかし、ガンディーはともかくとして、教皇は近年、本当にそうした「隣にいる」存在として見られてきていただろうか。多くの人にとっては、バチカンの奥に籠もってなかなか人前に出てこない、「遠くにある人」になっていたのではないか。フランシスコの中には、そうした反省的な思いがあるのではないでしょうか。

フランシスコ自身は、バチカンを訪れた一般の人たちと直接、気軽に話をしようとして、警備の人が困ってしまうという話をよく聞きます。「隣にいる」人、「パパ」と親しまれる存在としての教皇という感覚をもう一度取り戻そうとしている人なのだと思います。

外交の主体としての教皇

中島　あと、教皇という存在が特殊なのは、国際社会における外交の主体でもあることですよね。しかも、フランシスコはそのことを、非常に積極的にとらえようとしている。たとえば、キューバとアメリカの関係修復などは彼の存在なしにはあり得なかったでしょうし、シリア難民の問題、アメリカとイランの関係などについても積極的な発信を続けていた。外交の主体としての機能を、これまで以上にバチカンに取り戻そうとしているように見えます。

若松　フランシスコは、コロナ危機でも言動が注目されたドイツのメルケル首相とも非常に強い信頼関係でつながっています。メルケルは女性で、物理学者でプロテスタントですから、男性であり、神学者でカトリックのフランシスコとはむしろ対極ともいえるのですが、その違いを乗り越えて、互いに真摯な敬意を表明しています。

その関係が成り立つのは、彼らが同じものを見ているからだと思います。序章でも少しメルケルについて話しましたが、彼女にはフランシスコと同じように「自分は民衆のしもべのしもべ」だという感覚がある。だからコロナ危機においても、民衆に対して「ついてこい」と命令するのではなく「お願いします、皆さん」と懇願するような態度が自然にとれるのだと思うのです。
「公僕」というリーダーシップの原点、これは、現代人が十分な時間を費やして深めていかなくてはならない問題だと思います。
一方、アメリカでバイデン大統領が誕生しましたが、彼もカトリックなんです。歴代のアメリカ大統領でカトリックは、これまでケネディしかいなかった。実はとても稀有なことです。それから、気候変動の問題で活躍しているアレクサンドリア・オカシオ＝コルテス[*1]下院議員などもカトリックです。韓国の文在寅《ムンジェイン》大統領もカトリックですね。カトリックの人たちが、国境を越えて、重要なポジションに出てきているというのは、何かを象徴している出来事だと思います。

中島　一つの、世界の次の方向性を示しているような感じはありますね。もちろん、カトリックだからいいリーダーだなどとはいえませんが……。

若松　もちろんです。アメリカ大統領選でも、カトリックの半分はトランプに投票したといわれています。カトリックは一枚岩ではないのです。オカシオ＝コルテスとバイデンのあいだには違いがあります。バイデンは「中道」、オカシオ＝コルテスは「左派」だといえると思います。
「左派」という言葉は誤解を招きやすいのですが、ここでは、他者との対話と変革をいとわない者という意味です。須賀敦子[*2]の『コルシア書店の仲間たち』に出てくる「カトリック左派」という言葉があります。この人たちが抱いていた思想は、教皇フランシスコと強く共鳴します。オカシオ＝コルテスも提唱しているグリーン・ニューディール政策[*3]は、先に見た『ラウダート・シ』の神学とも通底するものです。

先ほど述べたように、カトリックは「普遍教会」になろうとしている変化の途上にある「教会」なのです。フランシスコの語っているようなことがカトリックの実態かといえばそうではなくて、実態だけを見ればむしろ「普遍教会」になれていない部分のほうが多いかもしれない。だからこそフランシスコが必要だともいえるわけです。

フランシスコの言葉を読むときに重要なのは、フランシスコの改革を必要としている問題が、これまでの、あるいは現在のカトリック教会にはある、というのが前提になる、ということです。

改革の道筋ははっきりしていても、まだそこを旅している途中だといえる。それにもかかわらず、「もう旅を終えた」と勘違いしてしまうと、大きな過ちを犯しかねない。そこは注意しなくてはならないと思います。

コンクラーベと選挙

若松　さて、「教皇とは誰か」という話に戻りましょう。教皇は「コンクラーベ」と呼ばれる、教皇の最高顧問である八〇歳未満の枢機卿たちによる投票制度によって選出されます。

投票の際には、特に候補者が挙げられることはなく、枢機卿がそれぞれ教皇にふさわしいと考える人に票を投じます。何度かそれを繰り返して、全体の三分の二以上の得票者が出るまで続ける。実際にどのような経緯で選出されたのかは公表されていませんが、フランシスコの場合は、五回目の投票でようやく決定したといわれています。

投票ですから、いわば「選挙」なのですが、通常の私たちが行く選挙と異なるのは、「人が選ぶのではなく、神が選ぶ」と考えられていることです。投票を繰り返すうちに、投票する枢機卿たちの「私」は消えてゆき、幾多の民衆、そして過去あるいは未来の人々の思いまでを背負った、無私の一票が投じられるようになっていく。それによって、神が選んだ人を浮かび上がらせるのがコンクラーベだという考え方なのです。

フランシスコはアルゼンチン出身ですが、非ヨーロッパから教皇が選ばれたのは実に一三〇〇年ぶりで、アメリカ大陸出身者でも初の教皇です。イエスはもともと西洋ではなく中東の出身であったにもかかわらず、長らくキリスト教は西洋のものとされてきました。その状況が変わりつつあるというのも、興味深い現象だと思います。

中島　聞くところによると、一回目の投票で名前が挙がったのが、一位はイタリア人の司祭だったものの、それ以外は南北アメリカ大陸出身者だったそうですね。実態としても、人口でいえばカトリック教徒が一番多い国は南米のブラジルですし、カトリックの中心がヨーロッパであった時代から変化が起きつつある。フランシスコは、その大きな過渡期に出てきた教皇なんだなと思いますね。

また先ほど、コンクラーベでは枢機卿たちが、自分自身だけではなく過去や未来も含めた民衆を背負って一票を投じるとおっしゃったんですが、実は通常の選挙にも、かつてはその要素があったのではないかと思います。日本でもひと昔前は届いた投票所入場券を当日まで仏壇や神棚に供えていたなどという話を聞いたことがありますが、それはやっぱり、自分の意思だけではなくて、先祖をはじめとする自分を超えた何か、神のような存在を背負って投票に行くという感覚があったからではないでしょうか。

現代の選挙からは、その感覚が失われてしまっている。コンクラーベのあり方は、選挙というものの意味をもう一度見つめ直してみるときの重要な指標になるのではないかと思います。

若松　おっしゃるとおりです。私の田舎でも、仏壇に投票所の入場券を供えていたのを覚えています。私の父も、選挙に行かないなんていうことはあり得ない、それは重大な過ちを犯すのに等しいんだと考えている人でした。一度、私が成人して選挙権を得た後に、冗談で「面倒だから行かないでおこうかな」といったら、烈火の如く怒り出しました。父の中にも、現代では失われてしまった選挙のあり方が生きていたのだと思います。

現代の選挙って、自分にもっとも大きな利益をもたらしてくれる人に入れるというのが一般的ですし、政治家も選挙運動の中でそう訴えますすよね。でも本来は、今一番苦しんでいる人たちにとってもっとも善き政治を行うのは誰なのかということを考えるべきなのではないでしょうか。

自分の生活が多少苦しくなったとしても、今非常に苦しんでいる人たちには人間らしい生活が戻ってくる、それを実現してくれる政治家にこそ、一票を投じる。私たちの選挙行動がそういうふうに変わっていかない限り、社会はなかなか変わらないと感じます。

中島　かつて絶対王政の時代には、王の権力に正統性を与えるのは「神」の存在でした。神が王に「王権」という主権を付託しているんだという、いわゆる王権神授説がとられていたんですね。しかし近代になると、主権は理性をもつ人間一人ひとりに宿っているというロジックが、それに取って代わるようになる。主権の根拠が神ではなく、人間の理性にあると考える合理主義がとられるようになったわけです。

それによって国民主権国家が生まれたのですが、神の存在を切り離し、理性だけを根拠とした主権のあり方は、「何か大きな存在から与えられた権限を、自分たちは代理人として行使している」という感覚を私たちから奪うことにもなってしまいました。自分の判断だけで一票を投じるのではなく、何か大いなる力による選択を浮かび上がらせる、自分はそのための媒体として存在している。そういうふうに主権の概念をもう一度とらえ直す必要があるのではないかと考えています。コンクラーベは、そうした主権のあり方を見せてくれるものでもあるのではないでしょうか。

「フランシスコ」の名に象徴されるメッセージ

若松　ここで、教皇の「フランシスコ」という名にも注目しておきたいと思います。教皇に就任すると、その人は本名ではなく教皇名で活動するのですが、これは本人が選ぶことになっています。現在の教皇も、フランシスコという名を自ら選んだわけです。彼はコンクラーベで教皇に選ばれたその場で、フランシスコという名前がどこからともなく訪れた、と語っています。

この名前は、一三世紀の初めに活動した聖人の一人「アッシジのフランチェスコ[*4]（フランシスコ）」からとられています。修道会の一つフランシスコ会をつくった人なのですが、実は現在の教皇が所属しているイエズス会とは、伝統的に「水と油」といわれるくらい相容れない。先ほどからの表現でいえば、霊性が異なるのです。ですから、教皇がフランシスコという名前を選んだときはみんな驚きました。しかし、そのこと自体が、これまで相容れないと思われていたものが一つになる、という強烈なメッセージになっていたといえます。

アッシジのフランシスコは、「貧しさの人」、「平和の人」、そして「すべての被造物を愛した人」として語られています。被造物とは「神によってつくられたもの」という意味で、世界は神によってつくられたと考えるキリスト教においては、自然の中のあらゆるものが被造物ということになります。つまり、貧しさ、平和、そして自然。これを守り、愛するということが、フランシスコという名前に象徴されているメッセージなわけです。

中島　私が印象的だったのは、フランシスコという名を選んだ理由の一つとして教皇が「アッシジのフランシスコはキリスト教徒以外にもよく知られているから」といっていたことです。ムスリムも、私のような仏教徒も、一応は知っている存在であるということ。やっぱり、異教徒に開かれていくという感覚がそこに込められているんだと思うんです。

おそらく彼自身には「こういう名前にしたい」という願望は一切なかったのではないでしょうか。むしろ、貧しい人々の声を受け止める「器」となるために、どういう教皇であるべきかと考えたときに、その象徴としてフランシスコという名前が降りてきたのではないかと思います。

若松　アッシジのフランシスコは「旅の人」でもあって、必要とあらば、どこにでも出かけていく人でした。

アッシジにある聖フランシスコ大聖堂に、フランシスコの生涯を描いたジョット*5の壁画があります。その一場面にもなっていますが、キリスト教徒が十字軍を編成してムスリムと戦っていたさなかにも、ムスリムのところまで出かけていったと伝えられています。このとき、彼が試みたのは説教です。神の言葉を届けに行った。異教徒にキリスト教の神の言葉を語るのですから、殺されても仕方がない。しかし、彼は無事戻ってくる。ある伝記は、ムスリムたちもフランシスコに敬意をもって接したと伝えています。

キリスト教徒とムスリムが対立を深める中で、戦い以外の道があるんだということを示したのがアッシジのフランシスコなんです。中島さんがおっしゃるとおり、教皇が「フランシスコ」という名前を選んだことには、異教徒との融和という意味もあるのだと思います。

「すべての人にとっての」という視座

若松　今のお話とも関連して、冒頭で挙げた回勅『ラウダート・シ』の序文にある一節を考えてみたいと思います。「回勅」は英語でいうとEncyclical Letterで、直訳すると「皆で回し読むための手紙」という意味になります。すべての信徒に宛てた、教皇からの直に届いた手紙という語感がある。通常は全世界のカトリック教徒に向けて出されるのですが、教皇フランシスコの回勅は違います。『ラウダート・シ』の最初にこう書かれているんです。

皆がともに暮らす家についての、すべての人との対話に加わりたいのです。（『回勅　ラウダート・シ　ともに暮らす家を大切に』、瀬本正之／吉川まみ訳、カトリック中央協議会）

これもまた中島さんがおっしゃる「異教徒に開かれていく」という感覚の表現です。「すべての人」に異教徒が含まれるのはいうまでもありません。教皇は回勅の宛先まで変えてしまった。

『ラウダート・シ』では本文の中にも、「共有財」「共通善」という言葉が出てきます。とにかく「すべての人にとっての」という視座からものを考えていかなくてはならないんだということを、繰り返し強調しているわけです。英語でいう「コモン」とはどういうことなのかを、改めて考えようとしているんですね。

これは、『ラウダート・シ』だけではなく、フランシスコの発言の多くに共通する姿勢です。フランスの社会学者によるインタビューをまとめた書籍でも、政治について話している部分でこんなことを言っています。

キリスト信者のためだけ、カトリック信者のためだけの政党は、いけません。そういうのは、必ず失敗に終わります。(『橋をつくるために　現代世界の諸問題をめぐる対話』、教皇フランシスコ／ドミニック・ヴォルトン、戸口民也訳、新教出版社)

これは、つまりキリスト者だけの集団は「コモンではないから」ということですよね。すべての人にとっての、という視座が欠けている、そういう改革は失敗するということをいっているんだと思います。

中島　『いつくしみの教会』の中のこのくだりも、やはり「コモン」について語っているのだと思います。

わたしたちの一致は、根源的には、教会での協議や民主的なやり方で得られる結果ではなく、またお互いに仲良くすることの結果でもありません。むしろ一致の原動力は、多様性の中に一致をもたらす唯一のもの、聖霊の働きの結果なのです。(『教皇フランシスコ いつくしみの教会』、前出)

他者と対話を重ね、協議をしていく中で、そこに聖霊のはたらきが宿り、それによって一致——ある種のコモンというものが生まれてくる。それがフランシスコという人の政治観だと思うんですね。

つまり、人間の思うとおりに物事を進めるため、あるいは利益を引き出すためにこう妥協しようとか、そういうことを考えるのが政治ではない。自分の過信を戒め、自分とは異なる意見が存在することを認めて、それに耳を傾けること。つまり、互いに寛容になって胸襟を開いて話し合う、そこからこそ一致が可能になるという感覚なんだと思います。

若松 フランシスコの政治に関する発言には、こんなものもあります。先ほどと同じインタビューからの引用です。

政治はたぶん、最大の愛徳行為の一つでしょう。なぜなら、政治をするということは人々を担うことだからです。（『橋をつくるために』、前出）

こういう言葉が出てくるのは、アルゼンチンで一九七〇年代から八〇年代にかけての軍事独裁政権時代を経験して、政治的にとても深い場面を生きてきた人だからだろうなという感じがします。政治というもののドロドロした汚い部分もよく知っている彼が、政治とは本質的に「最大の愛徳行為」だという。そういった政治のあり方を私たちはどう取り戻していくことができるのかということも、私たちが彼の言葉から考えるべきことだと思います。

軍事政権時代の経験から見出したもの

中島　おっしゃるように、フランシスコという人を考える上で、彼が「汚い戦争[*6]」と呼ばれる軍事政権時代を経験しているというのはとても重要ですね。

若松　そうですね。「汚い戦争」では、反体制派と見なされた人々約三万人が政府によって連行・虐殺されたといわれています。迫害を受けた中には、マルクス主義者などの政治活動家、ジャーナリスト、学生や労働組合員の他、「解放の神学[*7]」を掲げて貧困者支援などの活動に身を投じていたカトリックの司祭たちも含まれていました。その中で、フランシスコ——まだ本名の、ホルヘ・マリオ・ベルゴリオを名乗っていたわけですが——は当時、イエズス会の管区長という非常に責任の重い立場にありました。そのときに、自分の立場を危うくするような発言をした同僚の司祭たちに対して寛容さを失ってしまった。結果として彼らを切り捨てるような行為に荷担してしまったことが自分の罪だと、のちに彼は振り返っています。

ここからは、リーダーにとっての「寛容さ」という問題も見えてきます。寛容というのは、今の日本では、忘れ去られてどこかにいってしまったような言葉ですが、やはりリーダーが最初にもつべき特性の一つでしょう。寛容とは、何でも受け入れるということではなく、対立関係にあるものに対立とは別の秩序を与えていくこと。そのことを、フランシスコは自身の経験から深く学んでいるような気がします。

中島　軍事政権と真っ向から対立するのでなく、何とか対話のパイプを保って政治的調整をしようとしたがゆえに、一部の人たちからは軍事政権に荷担したと見なされてしまった。そのことについてはフランシスコ自身も非常に反省的ですね。左派には「社会制度の問題に無批判だ」と非難され、しかし右派からは「伝統を逸脱している」と批判される。そんなふうにずっと、細い尾根を何とかバランスを取りながら歩いてきた人だったのだと思います。

その中で彼が見出したのが、「妥協ではなく変化」することの重要性ということではなかったでしょうか。これは、フランシスコとベネディクト一六世を描いた映画『2人のローマ教皇』（フェルナンド・メイレレス監督、二〇一九年）にも出てくる言葉です。この映画はフィクションの部分もあるのですが、二人の教皇の考え方や話している内容はほぼ現実に沿っていて、「妥協ではなく変化」という言葉もフランシスコの姿勢を非常によく表すものだと思います。

彼のいう「変化」は、大胆な変化、革新というようなものではありません。むしろ、過去の人々が積み上げてきた本来のカトリックに近づき、一番大切なものを守っていくためには変わらなければならないのだ、という感覚があるように思います。「保守思想の父」といわれるイギリスの政治家、エドマンド・バーク[*8]のいう「保守するための改革（reform to conserve）」です。

たとえば、現在のカトリックの戒律では、神父の結婚、同性婚、中絶などが禁じられています。しかし、フランシスコが守ろうとしているのはその戒律自体ではなく、カトリックの精神そのもの。そのためにはむしろ、表面的な事象には少しずつ手を入れていかないといけないと考えているように思うのです。

たとえば教皇就任直後に、メディアから同性愛について問われた際には、「もし同性愛の人が主を求めていて、善意の持ち主であるならば、私に裁く資格があるだろうか。彼らを排除すべきではない」（二〇一三年七月三〇日、CNN.co.jpウェブサイトより）と答えています。「こう変えるべきだ」と強く主張するのではなく、本質をあぶり出すことによって現状にメスを入れていこうとする。そういう姿勢が、彼にはあるように思います。

前出の『いつくしみの教会』の中には、こんな文章もありました。

忠実であるために、創造的であるために、わたしたちは変わることができなければなりません。変わること！ なぜわたしたちは変わらなければならないのでしょうか。それは福音を告げる場と状況に適応しなければならないからです。（『教皇フランシスコ いつくしみの教会』、前出）

大切なものと現状を適応させていくために、「保守するための改革」が必要だというのが、彼の確信なのだと思います。

自然との関係性を問い直す

若松　その「保守するための改革」ということともつながってくると思いますので、対談の冒頭でふれた、『ラウダート・シ』の中の重要なキーワードである「気候正義」についても、もう少しお話ししたいと思います。

最近、「正義」ということについてずっと考えています。正の字は「まさに」という意味ですから、まさに「義」なるものが正義ということなのですが、この「義」とはもともと儒教の言葉です。それも、人間を超えたものの――儒教では「天」というのだと思いますが――はたらきであって、人間はそれを受け止める存在にすぎない、という考え方でした。それがいつのまにか正義とは「人間にとっての利」であるというふうに置き換わってきてしまった。

「保守するための改革」というとき、「守るもの」が正義でなく利権になったとしたら、世の中がどうなるのか。それが現代の状況なのではないでしょうか。

気候変動の問題の根も同じで、本来は人間を超えたもののはからいによる「正義」を実現するという観点が必要なのに、人間にとっての快適さ、人間にとっての利益ばかりが中心に考えられるようになってきた。その結果が、この一五〇年ほどで世界が人間の手によって大きく破壊されてきてしまったという現状ではないかと思います。

中島　『ラウダート・シ』を一読すると、単に環境保護を訴えているように読めるかもしれないのですが、フランシスコはそれだけではなく、さらに深いレベルで自然というものをとらえ直そうとしているのだと思います。自然を資源と見なすようなあり方そのもの、「大事な資源を保護しろ」というような視点からのエコロジーといわれるものに、彼は背を向けようとしている。今、国連のSDGs（持続可能な開発目標）なども話題になっていますが、そんなものは結局、資本主義の構造を維持したままうまくやっていくための言い訳にすぎず、もっと根本的な世界の転換が必要だというのが、フランシスコのいいたいことなのだろうと思います。

彼の名前のもとになったアッシジのフランシスコは、すべての被造物を愛し、動物と語り合ったり、鳥に神の教えを説いたりしたといわれています。その意味でも現教皇にふさわしい名前だなと思うのですが、これも「そういう名前を選んだ」というよりも、フランシスコを名乗ったことで、逆に「自然との関係性を問い直す」という使命が彼に宿ったということではないでしょうか。『ラウダート・シ』には、すべての人に「エコロジカルな回心（自らの罪を認めることで引き起こされる心の転換）」が必要だと書かれていますが、彼自身にとってはフランシスコを名乗ったときがまさにその「エコロジカルな回心」だったのだと思います。

若松　『ラウダート・シ』の中には、「エコロジカル」とともに「インテグラル（integral）」という言葉が繰り返し出てきます。「全人的」といった訳し方をされる言葉ですが、私はもっと大きな意味——全面的であり、全次元的であるということではないかと思っています。

そのインテグラルな感覚というものが、今の私たちには欠けている。人間が自然を司《つかさど》るのではなくて、自然の中に自分たちの居場所を見つけていくという考え方が必要だということだと思うのです。

自然を「資源」としてのみ扱うことそのものが、人間の利益のみを見ている姿勢の表れにほかなりません。人間の役に立たないものは資源ではなく不要なものだということですから。けれど、そうして人間に有益なものだけを掘り返し消費していけば、世界の秩序が根本的に狂ってきてしまう。ひたすら石油という資源を掘り続けてきた結果として、CO_2の排出量が増大して、地球が人間の住めるところではなくなりつつあるというのが、もっともわかりやすい現象ですよね。そこをどう変えていけるかが問われているのだと思います。

そして、何よりも恐ろしいのは、「人材」あるいは「人的資源」という言葉があるように、人間の存在すらも利用する対象であると考えるようになってしまっていることです。こうした考えが教育の現場でまで、ほとんど無反省に用いられていることに大きな疑義と危惧を感じています。

私たちは、生きているのではなく「生かされている」

中島　フランシスコは『ラウダート・シ』の中で「すべての被造物はつながっている」ともいっていますね。人間も水も、動物も、あるいは石油も、すべてのものは被造物としてつながっている。そのつながりをもう一度見つめ直さなくてはならない、そして「地上の被造物間に存在する繊細な平衡状態を尊重しなければならない」というわけです。その平衡状態を崩そうとしているのは人間のエゴであり「聖書は他の被造物のことを気にもかけない専制君主的な人間中心主義を正当化する根拠にはなりません」ともいっています。

ここには、世界を「人知を超えたものによって司られている存在」ととらえる感覚があります。人間が自然を客体視して、有益な資源だけを利用し尽くそうとするようなあり方にメスをいれていかなくてはならない。自分たちの能力を超えたものに対する畏怖の念を回復していかなければならないというのが、フランシスコの考えなのだと思います。

だから私たちは、人間は万能で何でもできるという感覚を捨て「造られたものとしての限界」を見つめなくてはならないというわけです。以下も『ラウダート・シ』の中にある言葉ですが、すごくいい言葉だと思います。

土壌、水、山々、つまりあらゆるものは、いわば神の愛撫です。（『ラウダート・シ』、前出）

そうした「あらゆるもの」に包まれ、神に愛撫されながら生きているのが人間である。にもかかわらず、私たちはその「神の愛撫」を利用したりお金に換えることばかりを考えている。その浅ましさを自覚しなくてはならないということですね。

だから、当然ながらフランシスコは、「水の市場化」にも徹底的に反対していますよね。その理由は、政治学的な意味合いだけではなく、もっと深いところにある。水もまた被造物であり、私たちとつながる存在であって、それをお金に換えようと考えること自体がおかしい。その水と私たちの関係性を取り戻さないといけないというのが、彼の主張なんだと思います。

若松　被造物を独占して、お金に換えようとすること自体が間違っている。それは、ガンディーが「塩の行進」で、塩という天の恵みを宗主国イギリスが独占していることのおかしさを訴えようとしたこととつながりますね。

先日、人間がつくった「人工物」の総量が、自然の生物量を超えた、という報道を目にしました。そういう状況にあって、私たちは「与えられているもの」と「自分たちでつくり出したもの」の区別がつかなくなってしまっているのではないでしょうか。

私たちはよく「いかに生きるか」ということを考えますが、実際には「生きている」のではなく「生かされている」。光も熱も水も、生きるのに必要なものすべてを、私たちは自然から与えられている。土を耕してつくった食べ物だって、その土をつくったのは人間ではないのだから、やっぱり与えられているというべきです。その視点、「いかに生きるか」ではなく「いかに生かされているか」へと視点を動かしていくことが大事だと思います。

教育の場でも、今は「あなたはいかに生きていくのか」と問われることがほとんどだと思うのですが、それだけでは危機のときに「自分がどうやったら生き抜いていけるか」ということを考える人間ばかりになってしまう。横にいる人の手を握って「ともに生かされるとはどういうことか」を考えられる人間が、あまり育っていかないと思うんです。

フランシスコは、そういう状況に警鐘を鳴らしている。気候変動の問題にどう取り組むかというのは、彼にしてみれば人間のつながりや慈愛の再確認なのだと思います。そういうものを取り戻していかないと、結局、人間は滅びに向かっていくのではないかと思うのです。

中島　ガンディーの「塩の行進」にふれてくださいましたが、フランシスコもまた同じような行為をしているといえるかもしれません。各地を飛び回って「水を商品にすべきではない」などと説いて回ることが、私たちが水を利用する対象にするのではなく、私たちが水によって生かされているんだというあり方を取り戻すための、彼なりの「水の行進」なのではないかと思うのです。

死者は、私たちを支えてくれる存在である

若松　先ほど、自分たちの能力を超えたものに対する畏怖の念、という言葉が出ましたが、私はこの「畏怖」というのがまた、非常に重要な感覚なのではないかと考えています。なぜなら、畏怖だけが私たちを恐怖からすくい上げるからです。

畏怖と恐怖とは混同されがちだけれど、違うものです。聖書を読んでいても、天使が人間の前に姿を現す場面ではたいてい「怖がらずともよい」ということをいいますよね。あれはつまり、「あなたが感じるべきは畏怖であって恐怖ではない」ということなんだと思います。

よく災害などのときに「自然の脅威」といいますが、私たちが自然に対して抱くべきものもまた、恐怖ではなく畏怖の念ではないのでしょうか。そうでなければ、いつまでも自然は「立ち向かっていく相手」であって、守るべき対象にはならないと思うのです。

中島　畏怖の感覚というのは、実は私たちの安堵感をつくっていくものでもあると思います。

たとえば、今はこの世にない「死者」は、生きている人間にとっては少し怖い存在でもあります。しかし、そこに畏怖の念が含まれるとき、それは「自分は一人ではない、死者がともにいてくれる」という安堵感につながっていく。それが、時に心の平穏を生み出すことにもなるわけです。

若松　柳田國男[*9]の著作『先祖の話』が、まさにそれですよね。柳田は仏教があまり好きではなかったといわれていますが、彼は、「死と死者を恐怖の対象にしたこと」が仏教の最大の過ちだと考えていたのだと思います。本来、死者とは畏怖の対象であり、傍らにいつもいてくれる安堵の対象であったはずなのに、仏教によって「祟《たた》り」といった概念がもち込まれたことで、恐怖の対象になってしまった。それはあまりにもったいないというのが、柳田の考えだったのではないでしょうか。

カトリックにおいても、「死者との交わり」は重要視されていて、四谷にある聖イグナチオ教会は、地下が墓地になっています。死者たちに支えられて生者の教会があるという構造なのです。

私たちはこの、自分たちの人生は何ものかによって支えられているという感覚をもっと取り戻していく必要があるのではないでしょうか。「死者」をめぐってフランシスコはこういっています。

死者を思い起こすこと、墓の世話をすること、安息を祈ることは、死は人間の運命の最後ではないという確信に基づいた確かな希望のあかしです。なぜなら、人間は限りないいのちを持つように運命づけられており、そのいのちの源と成就は神のうちにあるからです。（二〇一四年一一月二日「お告げの祈り」でのことば『死者のための祈り』、カトリック中央協議会ウェブサイト）

「いのち」というものは、そもそも人間の生死を超えた存在だということですよね。人が亡くなっても、いのちの尊厳はなくならないのだから、生きているときと同じように尊厳をもって接しなくてはならないというのがフランシスコの生命観であり、教会が、世界がそこを見失っているのではないかという危機感も、彼は抱えていると思います。

その背景には、世の中の死者観に対する大きな「否」がある。「死人に口なし」というけれど、実際には死者は沈黙として現れてくる分だけ、むしろ生者より雄弁だという感覚が彼にはあるのではないでしょうか。

広島を訪れたときのフランシスコが「貧しい人たちの叫びを携えて参りました」と語ったことをご紹介しましたが、彼は長崎では、殉教者や原爆で亡くなった人の「声」に耳を傾け、敬意を表するために訪れた、という発言をしています。
長崎駅の近くの西坂公園は、「二十六聖人」と呼ばれる殉教者たちが処刑された場所です。この地を訪れた冒頭、教皇はこう語ります。

わたしはこの瞬間を待ちわびていました。わたしは一巡礼者として祈るため、皆さんの信仰を強めるため、また自らのあかしと献身で道を示すこの兄弟たちの信仰によってわたしの信仰が強められるために来ました。（『すべてのいのちを守るため』、前出）

巡礼者の役割は、自分の声を何ものかに届けることではありません。語らざる者の「声」を聞くことです。もちろん、そこには死者たちも含まれる。

中島　フランシスコは、自分たちは後ろからやってくる何らかの「力」に背中を押されて生きているという感覚を、非常に強くもっている人だと思います。その「力」こそは死者であり、死者が積み上げてきた歴史であって、自分はそれに支えられて生きている。そして、のちには次の人たちの背中を押していく存在になるだろう。だからこそ、今をしっかりと生きなければならないという思いがあるのではないでしょうか。

若松　気候変動の問題も、死者たちがかつて守ってきたものを、私たちが自分の利益に

2019年11月24日。長崎の日本二十六聖人殉教地を訪問したフランシスコ
写真：AP／アフロ

全部置き換えたという点で、歴史に対する冒瀆だといえる。その視点を取り戻していくことが、とても大事だと思います。

「人材」化される人々

若松　さて最後に、「労働」についてフランシスコが話していることにもふれておきたいと思います。

『ラウダート・シ』の中で彼は、働くこととは「道徳的成長を推し進め、霊的資質を発展させる」ことであるといっています。これは、私たちが今イメージする「労働」とはかなり違うものですよね。私たちの社会における「労働」では、道徳的成長も霊的資質の発展も、すべてが生産性という言葉に置き換えられてしまっているのだと思います。

日本語で考えてみても、「労働」の「労」とは、「いたわる」「ねぎらう」という意味です。もともと本質的に、労働とは自分を「いたわる、ねぎらう」ことだったのだと思います。ところが、いつの間にかその部分が抜け落ちてしまって、労働は単なる苦役ということになってきてしまったのではないでしょうか。

先にも少しふれましたが、現代社会はいつしか労働において、「人間」をすら「人材」として扱うようになってきました。「人材」とは、使われるだけの存在であり、いらなくなったら捨てられてしまうものです。あるいは利用されることが前提の存在です。それは血の通った人間ではなく、一つの部品にすぎない。

私や中島さんも今、大学で教壇に立っているわけですが、その大学もまた「人材の工場」になっている部分があるのではないか。優良な部品を送り出す教育工場になってはいないかと、非常に恐ろしく感じることがあります。

中島　その「人材」化の問題が非常に鮮明に表れているのが、外国人労働者の問題ですね。特に技能実習生は、完全に単なる人材、人的資源としか考えられておらず、企業も政府もめちゃくちゃな働き方をさせてきた。しかも、コロナ危機で経済が悪化したからといって、その彼らを簡単に切り捨ててしまったわけです。

彼らのほとんどは多額の借金を背負って来ているので、クビになったからといって簡単には帰れないし、帰る手段もない。それで生活に困って、近所から家畜を盗んできてさばいて食べる[*10]ようなことをやるしかなくなった。それが報道されると、「そうせざるを得ない」状況に追い込んだのは私たちであるにもかかわらず、今度は「外国人は怖い」といった声が上がるようになりました。人を人として見ず、「人材」としてしか見ないという経済や政治の悪い面が、もろに出ていると思います。

若松　フランシスコは、ある使徒的書簡（信徒たちに向けた教皇からの手紙）の中でこんなふうに述べています。「人材」化と、ちょうど逆のことをいっていると思います。

「いつくしみのわざは『手仕事』のようなものです」。そのどれも他の人のわざと同じではありません。わたしたちの手は、何千もの表現で形づくることができます。それゆえ、たとえ唯一の神がそれらの着想を与えたとしても、また、それらのすべてが同じ「材料」、すなわちいつくしみから作られたとしても、それぞれが異なる形を取ります。

（使徒的書簡「あわれみあるかたと、あわれな女」、カトリック中央協議会ウェブサイト）

人々がやる仕事というのは、同じでなくてよくて、みんな違っているのが当たり前である。むしろ、同じになってしまうような状況があればそれは気をつけなくてはならない、といっているわけです。

エーリッヒ・フロムは著書『自由からの逃走』の中で、人が孤独であることを恐れるあまり、「みんな同じ」になろうとしてしまうことに警鐘を鳴らしました。それが一番激しいかたちで表れたのがファシズムであると彼は考えたのですね。それに抵抗する意味でも、「手仕事」的な、人によってそれぞれ異なる自分というものをどう取り戻していけるのかということが、これからの社会をつくっていく上での非常に大きな基盤になると思います。

「この経済は人を殺します」

若松　先ほど引用した部分に続く文章には、こうあります。

いつくしみのわざは、実際、人のいのち全体に影響を与えます。（同）

この一節もとても大事だと思います。「人のいのち全体に影響を与える」、そのことを私たちはきちんと意識しているだろうか、と思うのです。

たとえば中島さんや私は、広い意味で言論界と呼ばれる世界で仕事をしていますが、そこにおいても、私たちは常に「いのち全体」というものを視野に入れ、あるいは視座の根幹に据えながら、言葉を発していかなくてはならないように感じています。同時に、言葉を受けとるときにもそうでなくてはならないんだと思います。

とりわけ重要だと思うのは、言葉を「受けとる」ほうの行為です。私たちは書物や人の話から受けとる言葉を、単に面白そうだから、役に立ちそうだからというのではなく「いのち」として受けとっているだろうか。それは、自分に対してもいつも問い返しています。

中島　また、人間の「人材」化、「部品」化は、本来的な労働を疎外するという問題をも生み出しているように思います。

本来的な労働とは何かといえば、ケアリング（caring）です。たとえば鉄道の運転士は、急いでいる人、他に移動手段がなくて困っている人を運ぶために仕事をしている。そんなふうに、労働というものが生まれてきたプロセスを考えれば、他者をケアすることこそが労働の本質であるはずなんですよね。

コロナ危機において明らかになったのは、特にエッセンシャルワーカーといわれる人たちの仕事はすべてケアリングであるということだったと思います。医師や看護師だけではありません。トラックを走らせて商品を運ぶ人、その商品を店頭に並べる人……彼らこそが他の人たちの命を支えている。ドイツのメルケル首相はテレビ演説で、それに対して「ありがとう」といったわけですね。

そうした労働の本質そのものを、私たちは回復させなければならない。その問題意識が、フランシスコの言葉の中には強く表れていると思います。

若松　いつからか、働くことはお金を稼ぐことと直結して考えられるようになってしまいました。もちろん、それも嘘ではないけれど、本当でもない。「お金を稼ぐ」だけではなくて、昔の人が「人格の陶冶《とうや》」といったように、自己の内面を育て上げていく、そういう面が働くことの中になければ人は生きていけないはずなんです。それがいつの間にか、「いかにお金を多く稼ぐか」という問題に置き換わってきてしまった。

そこの再定義がなければ、気候変動の問題なども絶対に解決しないと私は思っています。なぜなら、私たちが「いかにお金を多く稼ぐか」という価値観のもとで社会活動を続けてきた結果として、気候変動が起こったわけですから。それなのに今は、気候変動の取り組みの中でさえ、CO_2排出量をお金で取引するなんていうことが行われている。そこの根源の視座を変えない限りは、何も変わらないと思うのです。

『福音の喜び』に、こんなくだりがあります。

「殺してはならない」というおきてが人間の生命の価値を保障するための明確な制限を設けるように、今日においては「排他性と格差のある経済を拒否せよ」ともいわなければなりません。この経済は人を殺します。路上生活に追い込まれた老人が凍死してもニュースにはならず、株式市場で二ポイントの下落があれば大きく報道されることなど、あってはならないのです。これが排除なのです。飢えている人々がいるにもかかわらず食料が捨てられている状況を、わたしたちは許すことはできません。これが格差なので

す。（『使徒的勧告　福音の喜び』、前出）

「この経済は人を殺します」。とても端的な表現ですよね。初めて読んだとき、何ともいえない戦慄に似た気持ちになったのを覚えています。

株価が二ポイント下がればニュースになる一方で、困窮した路上生活者が死んだことは報じられず、私たちはそれを知らないままでいる。これは異常だといっているわけです。

こんなことを続けていたら、私たちはついに自分たち自身を食いつぶしていってしまうのではないか。この社会構造からどう抜け出していけるのか。そのことを、私たちはフランシスコから学ばなくてはならないのだと思います。

最後に、彼が来日中、上智大学で講演したときの言葉を紹介させてください。

この大学の学生の中に、良心に従って、最善のものを、責任をもって自由に選択するすべを習得せずに卒業する人がいてはなりません。それぞれの状況において、たとえそれがどんなに複雑なものであったとしても、己の行動において、何が正義であり、人間性にかなない、まっとうであり、責任あるものかに、関心をもつ者となってください。そして、決然と弱者を擁護する者と、ことばと行動が偽りや欺瞞であることが少なくないこの時代にあって、まさに必要とされるそうした誠実さにおいて知られる者となってください。（『すべてのいのちを守るため』、前出）

私はその場でスピーチを聞いていたのですが、若いときにこんなことをいってくれる人がいれば人生は変わるんじゃないかと思って、非常にうらやましく感じました。そして、現代の大学がここで語られている方向に進んでいるのか否か、それをずっと考えています。

現代社会で重視されているのはフランシスコのいっていることとはまったく逆で、「自分が強者になって生き残れ」であり、誠実さではなく「優秀さにおいて知られるようになれ」というメッセージが発信されている。未来に向けてここを転換していくことが、今とても大事になってくるのではないかと思うのです。

註

1
アレクサンドリア・オカシオ＝コルテス
一九八九〜。アメリカの政治家、民主党の下院議員。ニューヨーク生まれ。ボストン大学を卒業後、NPOなどで働いた後、コミュニティ・オーガナイザーを務める。二〇一八年に史上最年少女性下院議員となる。

2
須賀敦子
一九二九〜九八。随筆家、翻訳家、イタリア文学者。兵庫県生まれ。二九歳でイタリアに移住し結婚。谷崎潤一郎や川端康成などの小説をイタリア語に翻訳。夫の死後帰国し、イタリア文学者、随筆家として活躍。著書に『ミラノ　霧の風景』『コルシア書店の仲間たち』『ヴェネツィアの宿』などがある。

3
グリーン・ニューディール政策
環境分野への集中大型投資で、地球温暖化防止と景気回復を目指す政策。ルーズベルト米大統領のニューディール政策になぞらえ、二〇〇八年のリーマン・ショック後にオバマ大統領が提唱した。その後、地球温暖化に懐疑的なトランプ大統領の出現によって頓挫したが、一九年オカシオ＝コルテス下院議員らが、「グリーン・ニューディール」決議案を提出。バイデン大統領も政策として全面的に押し出している。

4
アッシジのフランチェスコ
一一八一／八二〜一二二六。中世イタリアのカトリック修道士。聖人。フランシスコ会の創立者。アッシジは、イタリア中部の都市名。

5
ジョット
一二六六頃〜一三三七。イタリアの画家、建築家。ルネサンス絵画の先駆者として写実性の感じられる宗教画で広く影響を与えた。スクロベーニ礼拝堂壁画連作が代表作。建築家としてはフィレンツェ大聖堂の鐘楼建立にたずさわった。

6
汚い戦争
一九七六〜八三年の軍事政権下のアルゼンチンで、軍部や警察などが市民を逮捕、連行し、拷問の末に虐殺した大規模な弾圧事件。軍事クーデターでビデラ政権が成立（七六年三月）してから、左翼によるテロを鎮圧するという名目で弾圧が行われた。逮捕され、拷問などにより殺害されたと見られる行方不明者は一万〜三万人といわれている。

7
解放の神学
ラテンアメリカで一九六〇年代後半より起こったカトリック教会の改革運動。キリスト教は貧しい人々の解放のための宗教であると考える神学。アジア、アフリカにも広がり、バチカン教皇庁にも変革を迫った、第二の宗教改革ともいわれる。聖職者らは貧困地域に入り込み生活と労働をともにし、実践によって魂の救済を行おうとした。魂の救済は、貧困、抑圧などの権力構造からの解放であるとし、社会変革をも志向。マルクス主義に共感し暴力革命まで突き進む急進派を生んだことで、バチカンとの相克も生じた。代表的な提唱者ペルーのグティエレス神父の著書『解放の神学』より名づけられた。

8
エドマンド・バーク
一七二九〜九七。イギリスの政治家、思想家。保守主義の代表的理論家。アイルランド生まれ。ジョージ三世の専制政治を批判し、さらにアメリカ植民地との和解、アイルランド解放などを主張。フランス革命の際は伝統と秩序の維持を唱え、保守主義の理念を確立した。著書に『フランス革命についての省察』などがある。

9
柳田國男
一八七五〜一九六二。民俗学者。兵庫県生まれ。東京帝国大学卒業後、農商務省に入り、法制局参事官、貴族院書記官長を歴任。退官し、朝日新聞に入社。国内を旅して民俗・伝承を調査、日本の民俗学を確立した。著書に『遠野物語』『石神問答』『民間伝承論』『海上の道』などがある。『先祖の話』は民俗伝承の研究をもとに、日本人の霊魂観や死生観を描く四六年の著作。

10
近所から家畜を盗んできてさばいて食べる
二〇二〇年夏から秋にかけて、群馬県などで豚や牛、ブドウや梨といった農畜産物が盗難に遭う事件が続発。なかには、食用にするために豚を違法に解体したケースも。これらの事件に関与したとして、外国人の技能実習生が入管難民法や、と畜場法違反容疑で逮捕された。

5

大平正芳の思想にみる
今の政治が失ったものとは?

大平正芳

一九一〇〜八〇。政治家。香川県生まれ。東京商科大学卒業後、大蔵省へ入省。池田勇人蔵相の秘書官から衆議院議員となる。池田、佐藤、田中内閣で官房長官、通産大臣、外務大臣などを歴任。七八年内閣総理大臣となる。第二次大平内閣は八〇年不信任決議案により解散。衆参同日選挙中に、死去。

「保守の本質」を理解し、実践した人

中島　最後に取り上げるのは、内閣総理大臣も務めた昭和の政治家・大平正芳です。大平が首相の座にあったのは一九七八年から急逝するまでのわずか一年半ですが、現代の日本の政治に欠けているものが彼の中にはある。大平という存在を通じて、政治の本質というものを見つめ直すことができるのではないかと思います。

まず指摘しておきたいのは、彼は「保守政治家」といわれますが、単なる通俗的な意味の保守ではなく、その本質を非常に深いレベルで理解し、実践した人だったということです。

近代保守思想の原点は、アイルランド出身の政治家、エドマンド・バークです。彼は『フランス革命についての省察』（原題：Reflections on the Revolution in France）という本で、同時代に起きたフランス革命を厳しく批判しました。ここで批判されているのは、フランス革命の原動力となった根本的な人間観です。万能の理性をもった人間が机上で構築した革命理論を実行すれば、世の中は素晴らしい理想状態に向かっていき、進化を遂げるのだという考え方。バークは、ここに異を唱えたのです。

バークは、そもそも人間が完全性を手にするなどということはないと考えていました。人

間というものは不完全であり、間違いやすい存在である。その人間によって構成された社会には当然ほころびがあり、不完全なまま推移していかざるを得ない。完全な理想社会というものを実現することは難しいということを前提にしながら、それに向けて緩やかに、漸進的に変化していくことが重要なのだ――。バークは、そう説いたわけです。

そして、その根本にあったのはキリスト教の精神でした。バークが「人間は不完全な存在である」と考えたのは、そこに神の視点があるからです。超越的な存在である神に照らして自分を見たときにどう見えるのかという眼差しが、常にバークにははたらいていた。だからフランス革命を実行した革命家たちが、まるで自分たちが神の代わりとなって世界を完成させられるかのような態度をとることに対して、強く批判したわけです。

近代日本において、それも首相にまで上り詰めた政治家の中で、こうしたバークの観念を非常に深いレベルで理解していた人というのは、大平以外にはいないのではないかと思います。

このことは、大平を知る他の人の見解にも表れています。たとえば、元駐日大使で大平と親交の深かったエドウィン・O・ライシャワー[*1]は、大平の死後に出版された評伝に寄せた序文（『大平正芳と私』）で、こう書いています。

引っ込み思案であるように見えることによって目だつ人物であり、人の後に追随するように見えることによって人を指導する人物であった。これは彼が、未来についてのビジョンを持っていたからである。（『大平正芳　人と思想』、大平正芳記念財団）

また、大平の秘書を長年務めた真鍋賢二氏は、著書の中でこう書いています。

クリスチャンとしての熱心な信仰生活のなかで身についたものだろうが、とくに人と話したり独りで考えごとをしているときは必ずといっていいほど合掌している。（『私の見た大平正芳　その素顔と姿勢』、イメージメイカーズ）

こうした姿勢や態度に思想がにじみ出て、それが政治に結びついていたのが、大平正芳という人だったのではないか。この人のような保守政治家がいなくなって久しいことが、今回の日本におけるコロナ危機を悪化させた一因になっているのではないか。そう考えています。

若松　今、引いていただいたライシャワーの文章は、とてもいいですよね。同じ文の中で、大平の死後「大平に代わりうるような人物はいない」と書かれているのも印象的でした。私たちのような後世の人間だけではなく、同時代の人から見ても「代わりのいない人物だった」というのがよく伝わってきます。

この一〇〇年ほど、日本の私たちは「保守思想が保守でなくなっていく」という大きな流れの中にいるのではないか、という気がします。その背景には、大平という人物が死によって途中で仕事を終えなくてはならなかったこと、そして彼がある意味であまりにも特異な人物だったために、その精神性を後世に引き継ぐ人物がいなかったことがあるのではないでしょうか。

この「精神性を継承できない」というのは、今日の日本の政治が抱える大きな、そして決定的な課題でもある。利権構造のようなものの継承が優先されているからです。大平という人を考えていくときには、どう彼の精神性を引き継いでいくかということを見据えるのが、非常に大事になってくる気がします。

人間は「か弱き寄る辺ない存在」である

若松　キリスト者だった大平は、田中英吉さんというカトリック司教との対談（「政治家が聖書を読むとき」、『在素知贅　大平正芳発言集』、大平正芳記念財団）の中で、聖書の中で好きな人物を問われて「旧約だったらエレミヤが好き」だと答えています。エレミヤは旧約聖書に出てくる預言者です。預言者とは、神の言葉――より正確には言語を超えたコトバ――を預かる人、そして、神に用いられる人です。自分のやりたいことをやるのではなく、神が告げ知らせることの道具となる存在だといえます。

それを大平は「好きだ」という。そしてこうもいっています。「彼が考えている国家に対する愛情、忠誠心……それが現代人の参考になるもの、多いです」。ここで彼がいっている「国家に対する愛情、忠誠心」というのは、現代の私たちが考える「愛国心」とは異なる。大平がいう「国家」とは、神を媒体にした共同体としての国家ということであって、この点がとても重要だと思うんですね。

中島　おっしゃるとおりです。

若松　そこで押さえておきたいのが、大平の「イデオロギー」に対する考え方です。彼が生きた時代は、今日よりももっとイデオロギーが力をもっていた。それによって戦争が起こったりもするような、文字どおりの意味で「イデオロギーの時代」でした。しかし、大平の中にはイデオロギーに対する強い懐疑があった。それは、彼の書いた文章を読んでみれば明らかです。

たとえば、こんなことをいっています。

もともとイデオロギーとなると、果てしなく分化し帰一するところはない。それを一つにしぼることは全体主義国家でも、人間の改造のない限り、できる相談ではない。
（「新権力論」、『大平正芳回想録　資料編』、大平正芳回想録刊行会）

イデオロギーというのは、果てしなく人間を分化させる。自分の主張が正しくて相手は間違っているということを言い続ける世界観なのだといっているわけです。

一方で、大平は同じ文章の中で、こうも主張しています。

世界史の運命がけわしくなってくると、か弱い寄る辺なき人間がその奔流に押し流されることを黙視するわけには行くまい。権力は全身全霊の力をこめてその奔流を制御し、人間を守らなければならない。（同）

「人間を守る」という態度がはっきりと表れています。それも、人が「人材」化されていく現代のように人間を数量的に、生産性や有用性でとらえるのでなく、その存在そのものとしてとらえる。「か弱い寄る辺なき人間」の存在から政治を始めようとしている、それはとても示唆的だと思うんです。

これは、先ほど中島さんがおっしゃったバークの思想に通じる。大いなるものの前では、人は「か弱い寄る辺なき人間」にならざるを得ないという視座だと思います。経済的に貧しいとか、苦しい境遇に置かれているとかいうことだけではなく、人間という存在が本来的にそういうものなんだという視点です。

そして、その「か弱さ」が、社会現象的に濃厚になることがあれば、その「奔流」を制御して、本当の意味で対等な関係性のもと、ともに社会をつくっていくのが当たり前だというのが、大平の世界観なんだろうと思います。対等であること、これはキリスト教で考える「愛」の基盤でもある。これも、現代においては完全に見過ごされている姿勢ではないでしょうか。

中島　「弱くあること」というのは、私たちのこの対談全体の大きなテーマの一つでもありますね。そして、私や若松さんが大学で研究している「利他」というテーマとも、密接に関連している問題だと思います。

おそらく、主体的に「利他」を行うなんていうことは、私たちにはできません。でも、これは私たちと一緒に研究をしている伊藤亜紗[*2]さんがよくおっしゃることなのですが、人は弱くあることによって、他者の利他性を引き出せる場合がある。たとえば目の不自由な人が旅に出て、周りの人に「どこを観光するのがいいでしょうか」と聞けば、聞かれた人たちは

「どうしたらいいだろう」と必死で考えながら、その人をいろんなところに連れて行ってあげたりするでしょう。目の不自由な人が周囲の人から、利他性を引き出しているわけです。

あるいは、ロボット学者の岡田美智男さんが書いた『弱いロボット』（医学書院）という本も話題になりました。「弱いロボット」とは、ゴミを見つけることはできても拾うことはできない、そんな欠陥だらけのロボット。それを前にすると、人のほうがロボットを手伝おうとしたりするというんですね。そのように、ある種の弱さに対するアプローチが、世界を別の方向へと導いていく。大平はそのことをよく知っていたし、そのアプローチこそが政治であると考えていた。そしてその前提には、超越的な存在を前に「か弱い人間」として自分があるという眼差しがあったのだろうと思います。

「永遠の今」を生き、過去と未来とつながる

中島　もう一つ、大平の思想において重要なのが、「時」に対する考え方です。彼は「永遠の今」という言葉を好んでよく使いましたが、そのもとになっているのが、京都学派を代表する哲学者・田邊元[*3]の著作『歴史的現実』です。大平はこの本を戦争中に読んで、非常に影響を受けたということを繰り返し口にしていました。

たとえば、『歴史的現実』について述べた文章の中で、こう書いています。大平の言葉の中でも、私が非常に好きな部分です。

従ってわれわれはこの現在に真剣に取組まねばならないということです。更にその現在は、未来と過去との二つの相反した方向に働く力の相剋の上にあるものだから、過去的な引力を無視して未来をのみ志向することはいわゆる革命となり、未来に目を蔽い、過去にのみ執着することはいわゆる反動となるものであり、その何れもが正しい歴史的実践とはいえないということを教えられたのであります。（「国際化時代と日本」、『旦暮芥考』、鹿島研究所出版会）

過去と未来との関係を述べているわけですが、非常に重要なところだと思います。大平は、常に「今」に向き合っていくことによってこそ、何かが生み出されると考えた人でした。それが「永遠の今」、永遠に「今」と向き合わねばならないという言葉になったのだと思います。

若松　大平は「今」というものを、過去と未来とつながっている存在としてとらえている。それが「時」というものの本来の姿であって、「今」を生きることによってこそ、過去と未来と深くつながっていけるということだと思います。

それを、現在、過去、未来という、三つの別の時間軸があるというふうに考え始めたときに、私たちは何か大事なものを失ったのではないでしょうか。そこでは、過去は見なくてもいいもの、未来はいまだやってこない、自分とは関係ないものになってしまう。

先に中島さんが引いてくださった大平の文章には、後でふれることになるだろう彼の「楕円の哲学」がすでにかたちを変えて語られているように思います。「楕円の哲学」も、この過去と未来に対する考え方も、つまりは「均衡」ということですよね。世界というものは、常に均衡を求めていなければ、ある方向に偏向して動く趨勢がある。ある種の全体主義へと至ってしまう可能性がある。大平というのは、一言でいえばその「均衡」を体現した人だったと思うのです。

たとえば、誰かと意見が衝突したときに、ちょっと均衡を考えて議論をしようというくらいのことは、多くの人が考えるかもしれません。そうではなく、「時」というものの次元における均衡を大前提にしながら、その調和を実際の社会において実現しようとしたのが、大平の特徴です。時が調和している状態を数値化することはできないし、見たり聞いたりして確かめることもできない。しかし、それを私たちは精神で認識する。そうした感覚をもって現実社会に調和をもたらそうとする、非常に高次な試みだったのではないでしょうか。正誤の感覚ではなく、「均衡感覚」の政治ですね。

中島　同じように「過去と未来の均衡」を語っていると思うのが、前章でもふれた柳田國男の著作『先祖の話』です。

非常に面白いのが、柳田が一人の老人と出会う場面です。老人は柳田に、自分はもう人生でやるべきことはほぼやった、という話をします。家は息子が継いでいるし、あとは「御先祖になるつもりだ」というんですね。それを聞いて柳田は感銘を受け、「古風なしかも穏健な心掛けだ」と書くのです。

ここにも、過去と未来の均衡があり、現在がある。老人は、死んだ後「よき先祖」となり、まだ見ぬ孫、あるいは孫の孫に「あの御先祖さんは偉かったんだよ」といわれることによって、子孫にある種の超越的な規範を与えることになる。つまり、死んだ後にも「仕事」がある、そのことに柳田は感動しているのです。

そして、その「仕事」は、老人が過去の先祖から同じような眼差しを受けてきたことによって成立している。その眼差しを意識しているからこそ、老人は、よい御先祖になるために、今立派に生きなくてはならない、と思っているわけですね。

こうした「時間の均衡」を忘れてしまっているのが現代ではないでしょうか。大平が見たのは、過去と未来が相即状態で入り込んでいる「今」――つまり「永遠の今」ですが、現代の政治家は単純な意味での「今」しか見ていない。過去、未来とつながる時間軸が失われ、「今がよければそれでいい」と考える人が多くなったからこそ、未来に負の遺産となりかねない原子力発電所が次々につくられるようなことが起こってきたのだと思うのです。

そうした「今がよければいい」という考え方を「男の一代主義」と呼んだのは作家の森崎和江[*4]さんですが、一代どころか、明日の株価のことしか考えていないような人が現代にはいっぱいいますよね。大平の「永遠の今」という観念を、どう取り戻していけるかを考える必要があると感じます。

若松　永遠を意識する、あるいは永遠を生きるとは、現象世界においては「無私」である、ということになっていくように思います。永遠が見失われると、「私」が出てきて、先ほどふれた「人間の完全性」が、いたずらに強調されるようになる。それは非常に危険なことだと思うのです。

中島　おっしゃるとおりで、大平がこうもいっていますね。

神が「永遠の今」という時間を各人に恵み給うたことは、自分は自分としての永遠に連る寄与をするよう期待されてのことではないでしょうか。（「杉村博士への追慕」、『大平正芳全著作集2』、講談社）

ここには、まさに先ほど若松さんが指摘された、預言者エレミヤのような「神の道具」になる、それによって「永遠の今」に寄与する存在になれるんだという感覚があります。これが大平正芳の政治だった。さまざまな具体的な政策のその奥には、常に「永遠の今」という視点があった。インドでいうダルマ、それぞれの人が自分の役割を果たすという「永遠の連なり」の中に自分がいるという感覚をもっていた人だったのだと思います。

「六〇点主義」と「灰色」の重要性

中島　この「永遠の今」ともつながると感じるのが、やはり大平の思想として知られる「六〇点主義」です。政治の場において、彼は「時間の均衡」とともに「他者との均衡」を強く意識していた。だから「一〇〇点を狙ってはいけない、六〇点、六五点くらいを取ればいいんだ」というんですね。さらにいえばこれは、「取ればいい」のではなく「六〇点くらいでないといけない」ということなんです。

つまり、一〇〇点を取ろうと思う、あるいは一〇〇点こそが素晴らしいと思うのは、背景に自分のパーフェクティビティという感覚があるからであり、イデオロギーの政治だと大平は考えていたのだと思います。常に「自分は間違えているかもしれない」という意識をもって、他者に対して開かれていないといけない。自分とまったく異なる意見でも、まずは聞いてみる。その結果、自分が見失っていた視点が見出せるかもしれない。そこから合意形成をしていくのが重要なんだというのが、大平の信念だった。だから六〇点でなくてはいけない、四〇点分の「間違えているかもしれない」という余地が残っていないと、それはイデオロギーになる。彼はそう考えていたわけです。

対立関係にあったはずの日本共産党議長・不破哲三とも大平は徹底的に議論したと、不破が回顧録の中で書いています。それも、「自分と異なる意見もまずは聞いてみる」という姿勢があったからだと思います。

大平が「灰色」「グレー」という言葉をよく使っていたことにも、この「六〇点主義」がよく表れていると思います。たとえば、こういう文章です。

> われわれが考えなければならないことは、失望してしまうことでも性急に解決を焦ることでもない。白か黒か、平和か戦争かの二者択一的な潔癖な割り切り方をしないことではなかろうか。歴史の現実は、われわれの願望に拘らず、いつでも灰色である。(「白か黒か灰色か」、『大平正芳全著作集2』、同)

私自身も、政治を議論する際には、「AとB、どちらが正しいか」ではないということをいつも心がけています。AとBという二つの意見の間には無数の選択肢があって、そのどこに合意形成ができる点を探っていくかというのが政治だと思うのです。にもかかわらず、往々にして「AかBか」を問われるのが今の社会なんですね。

大平も、賛成か反対かというイデオロギー闘争の間にある無数の選択肢を見ようとした人だった。その中のどこに均衡点があるかを探っていくのが政治の非常に重要なポイントであって、そのことを彼は「灰色」という言葉で表そうとしたのではないでしょうか。

性急に物事を進めようとする姿勢を戒める、こんな文章も残しています。

古人は政治を小魚を煮ることにたとえている。性急に小魚を料理すれば身がなくなってしまうおそれがある。薄氷をふむような思いとか、うす皮をはがすような用心深さが、政治のみならず人事万般の処理に通ずる法則であるといってよかろう。（「現実への愛情と政策」、『大平正芳全著作集2』、同）

性急に何かを切り捨てることによって解決を図るのは非政治的な行為であって、小魚を煮るような丁寧さ、繊細さこそが政治には必要なんだといっているわけです。
では、その繊細さを身につけるにはどうすればいいのか。現代の政治塾のようなところなら「政策を勉強しろ」という話になるのでしょうが、大平が勧めるのは「古典を読むこと」です。

洋の東西を問わず、歴史の風雪に耐えて、しかも依然強い光彩と生命力を放つ少数の書籍を、自分の実生活の伴侶として、よく読みよく消化し、よく実践するという生き方をとらない限り、われわれの精神の渇きは癒すべくもないのではなかろうか。（「私と読書」、『春風秋雨』、鹿島研究所出版会）

ちなみに、先の「小魚を煮る」話も老子からきているのですが、こういうことをいう人が日本の首相だった時代があったんですよね。今の首相の国会答弁などを思い浮かべると、隔世の感どころではない。何が違うのかということが、はっきりと見えてくるのではないかと思います。

若松　ちょうど先日、国会中継を見ていたのですが、言葉が壊れているというか、壊れたロボットのような答弁だと思いました。なんというかもう、取り返しのつかないところまできているという感じがしましたね。

一方で、野党の質問も、性急さばかりを求めていて、長期的なビジョンを論じ合うことができなくなっていると感じます。たとえばオリンピックについても、今、日本がオリンピックをやるべきでないのは、感染爆発が起こるからだけではなくて、それが私たちの長期的な未来に致命的な欠陥を与える可能性があるからではないでしょうか。もちろん、オリンピックを強行したら翌月にはまた感染者数が増えて、緊急事態宣言を出さないといけなくなって……という視点も重要ではあるのですが、政治家はそこにとどまらない視座をもつべきではないのでしょうか。みんな「視点」でしかものを見ていなくて、「視座」をもつ人が少なくなったと感じます。

死者たちと対話しながら生きていく

中島　ではここからは、大平の歩んだ人生を少したどって見ていきましょう。彼が人生においてどういうことに遭遇したかということは、大平の思想を考えるときに非常に重要なのではないかと思います。
まず、決定的に重要だと思うのは、大平が香川県の農村の出身であるということです。極貧というわけではないにせよ、裕福とはいえない質素な暮らしの中で育った。これは彼の政治家としての歩みにおいても、とても大きな意味をもったと思います。

また、日経新聞に連載された『私の履歴書』など、大平が自分の歩みを振り返って書いたものを読んでいて感じるのが、そこに「死者」の存在が色濃く出ていることです。たとえば、彼が何度か書いているのが、幼いころに家にいて、大平のことをかわいがってくれた「おしげさん」というお手伝いの女性のこと。ある日、彼女が幼い大平を背負ってあやしていたときに、彼の額を石畳の角にぶつけてけがをさせてしまう。それを見た母親が慌てて飛んできて手当てをしてくれたという話なんですが、これは「おしげさんが悪い」という話ではないんですね。大平が書いているのは、背負っていた子にけがをさせてしまった彼女の心の痛みです。おしげさんはその後、別のところに働きに行って早くに亡くなったそうですが、自分の痛みよりも彼女の心の痛みのほうに思いをはせる、大平はそういう人なんですね。

その他にも大平は、嫁いだ先で働きすぎて身体を壊して亡くなった姉のこと、胃潰瘍で亡くなった父親のことを書いています。父親は、大平が旧制中学四年生で腸チフスにかかり、四カ月ほど生死の境をさまよったときに、献身的に介抱してくれた。おかげで自分は何とか快復したけれど、父親は翌年に死んでしまったのだといいます。

つまり、自分を語るときに、幼少期から青年期にかけての近しい人の死の話が真っ先に出てくるのが大平という人だった。政治家になってからも、彼のそばには父や姉やおしげさんら、亡くなった人たちがいたのだと思います。のちの「田園都市国家構想」に象徴されるように、大平が「土」のところから物事を考えることができたのは、その存在があったからこそだったのではないでしょうか。

若松　介抱してくれた父親がその後亡くなったという話を読んで、内村鑑三の『基督信徒のなぐさめ』という本を思い出さずにはいられませんでした。内村は、大平に決定的な影響を与えた人物の一人ですが、その内村と大平との接点がここにあったのか、という思いでした。つまり、自分を守ってくれた人があたかも身代わりのように死んでいくという経験をしているということです。

内村の場合は、それが妻でした。内村は、学校式典での教育勅語への敬礼を拒否した「不敬事件」で教職を追われるのですが、このとき居場所を失った彼を唯一支えてくれたのが妻の存在だった。しかし事件直後、インフルエンザで寝込んだ内村を看病していた妻は、内村の快癒と入れ替わるようにして亡くなってしまうのです。そのことを書いた『基督信徒のなぐさめ』の第一章には、「愛するものの失せし時」というタイトルがつけられています。

そうした、自分以外の人の力によって自分が生かされているという意識。あるいは、愛する人は亡くなってしまったけれど、本当の意味で死んでしまったわけではない、その存在とともに自分は生きていくんだという感覚。それを大平が、幼少期にすでに決定的にもっていたということは、非常に重要だと思います。彼が亡くなった人を回想する文章を書いているのを読んでみても、亡くなった人はもうどこにもいない、消滅してしまったという世界観では明らかにないんですよね。

後で大平の息子の死にもふれることになるでしょうが、人の死というものを受け止めることに相当なエネルギー、すなわち情愛を注ぐ人だったと思います。

中島　そうですね。父親や姉、おしげさん、息子、そうした死者たちを背負ってというか、死者たちと対話しながら政治をしていく。それが彼の繰り返し戻ってくる原点だったと思います。

のちに大平は「三角大福」といわれたように、三木武夫や田中角栄、福田赳夫と自民党総裁の座を争うようになるんですが、なかでも福田とは一貫して対立関係にありました。なぜ彼が福田を嫌い、一方で田中とは「盟友」といわれるほど仲が良かったのか。それは、この辺の感覚に理由があるような気がします。福田はたしかにエリートで、優れた官僚だったけれど、大平のような「死者を背負っている」大地性がまったく感じられないんですよね。

逆に田中はエリートではないけれど、どこか言葉にしないところで共有できるものがある。そういう確信が、二人の間にはあったんじゃないかと思うのです。それぞれ表現の仕方は違うけれど、感覚ではわかり合えるというのでしょうか。

若松　田中角栄が大平の追悼文を書いていて、これもとてもよい文章なんですけど、大平と電話で話していても、大平は言いたいことだけ言ってブツッと切ってしまう、と書かれていました。これは相当深い関係です。そうじゃないと喧嘩になりますから。田中も時々腹が立ったと書かれていて、それも面白く読みました。おっしゃるとおり、口に出して言わないでもわかり合える関係というのが、田中と大平の間にはあったのでしょうね。

一方、田中の前に首相になった佐藤栄作と、田中・大平との間には、そういう信頼関係がなかった。先にふれた大平を追悼する文章で、田中は、佐藤は首相になるとき自分と大平をまったく信用していなかった、という話を書いています。これは、信頼ベースで生きている人間と、そうではない人間との違い。もっといえば、生きている次元が違うんだと思うんです。大平と現代の政治家もそうなんですが、次元の高低ではない、決定的な違いがそこにあったといえるのではないでしょうか。

牧師になるように、政治家になる

中島　さて、こうした大平の根っこにある感覚を、言語化して一つの思想としていくための媒体となったのが、キリスト教だったと思います。

大平とキリスト教との出合いは、旧制高松高等商業学校時代。元東北帝国大学教授の佐藤定吉という人が、来校して講演をしたことがきっかけでした。佐藤はもともと工学博士なのですが、無教会派のプロテスタントで、定年退職後に「イエスの僕《しもべ》会」という全国的な学生団体を結成して、伝道の活動に専念していたといいます。

彼の話を聞いた大平は非常に感動し、祈禱会や研修会に足を運ぶようになる。後に、「先生の科学と宗教についての論説は、キリスト教への呼び水的な役割を果たした」(『私の履歴書』、日本経済新聞社)と書いています。また、いつごろのことなのかはっきりしないのですが、牧師になって一生を伝道に捧げたいという希望をもったこともあったようです。かなり深くキリスト教の世界に踏み込んでいったということだと思います。

若松　大平は「街頭に立って、信仰の告白をすることも辞さないようになっていた」(同)と書いています。彼は、政治家としての演説もそれほど上手とはいえませんでしたが、そういう人が街頭で伝道するというのは、よほどのことです。そこまで自分を捧げたということなのでしょう。

大平を駆り立てたのは、自分の人生を自分のために生きるのではなく、神のため、あるいは神の国のために生きるという決意だったと思います。そして彼は、それを生涯貫いた。おそらく、大平にとっては伝道したいという気持ちと政治に生きるということの間に、分断はなかったのではないでしょうか。大切なことを言葉で伝えるのか、世の中をつくり変えることによって実現していくのかという違いだけであって、本質的には差がないと考えていた。その意味で、キリスト教と出合った時点で大平の生涯は、ある意味決定したといってもいいのかもしれません。

中島　牧師になるように政治家になった人ですよね。やることは一つであって、それを教会でやるのか、国会でやるのかの違いだけ。そういう感覚だったのでしょう。彼がのちに政治家として、かなり強い意志をもって保守思想に接近していったのも、キリスト教を通じて「神の超越」を意識したところが大きかったのではないでしょうか。その原点が、高松高商から東京商科大学へ進む、この時代にあったのだと思います。

若松　東京商大時代には、内村鑑三を読み、矢内原忠雄[*5]の聖書研究会や賀川豊彦[*6]の講義にも出たりしたと、『私の履歴書』にあります。特に賀川には、友人と一緒に聴講に出向いた後「先生心づくしの昼食をいただいたりしたものである」とあって、かなりかわいがられていた。

キリスト者にとって、一緒にごはんを食べるというのはおなかを満たすというだけではなく、「最後の晩餐」に象徴されるような、大きな意味をもつ行為です。だから、一緒に食事をするというのは、相当に互いの距離が近づいているということでもある。大平のほうも、もちろんそれはわかっていたでしょう。思想的に共感したというだけではなく、人生そのものを賀川に共振させていっている、そういうふうに自分を動かしているという意思が、ここには強く表れていると思います。

多くの人にとってキリスト教は単に「学ぶもの」だけれど、大平にとっては「生きるべきもの」だった。ここが、他の人たちと大平の決定的に違うところなんだと思います。

トマス・アクィナスと経済学——大平の卒業論文から見えるもの

中島 また、大平は大学を卒業する際に「職分社会と同業組合」と題する論文を書いています。書き上げるにあたっては、大平自身も書いているように指導教員だった上田辰之助*7の影響が大きかったようなのですが、上田は経済学者であると同時にトマス・アクィナス研究者としても知られている人。大平の論文においてもトマス・アクィナスの「トポス」（一人ひとりが意味ある存在として位置づけられる居場所）についての議論が核心に置かれています。それをどういうふうに職分社会という観点から見ていくのか、つまりある種の宗教的・有機的な理想型をどう地上で実現するのかと考えたときに、彼はアメリカの「同業組合」というものに目を向けるわけです。ここには、やはり恩師である賀川豊彦が取り組んでいた生活協同組合運動が影響したのだろうと思います。協同組合をどう展開していけばいいのかという、非常に現代的なテーマが、そこで取り上げられているんですね。

資本主義が抱える課題を、どう克服するべきなのか。この大きな問題を、職分やトポスという観点から、そしてトマス・アクィナスからとらえ直そうとしている。さらにそこに、賀川の生協運動という実践が入り込んできている。それが、大平の卒業論文の構造なのではないかと思います。

若松　大平は論文の中で、イギリスの経済学者であるR・H・トーニー[*9]の『獲得社会』(原題：The Acquisitive Society)を論じています。このトーニーの経済学を、上田辰之助のトマス哲学を通じて「トマス経済学」として位置づけようとした。それが大平の論文の本質だと思います。

トーニーがこの本の中で主張しているのは、とにかくいろんなものを獲得していくのがよいことだという「獲得社会」が現代の趨勢になっているけれど、それをあらゆる人が社会的な目的の達成に向けて奉仕する「機能社会」へと変換していかなくてはならないということ。そして、その中で重要視されているのが「サービス」の考え方です。これは今でいう「公僕」につながる考え方で、収入というのはその人が共同体に対してどうサービス(奉仕)したのかということで測られるべきであって、その人がうまくやったから高い収入を得られるというものではない、ということを述べている。

トーニーの本で面白いのが、「機能（function）」が目指すべき目的において重要なことは三つあるというのです。一つはnecessary、必須なものであること。次にuseful、単に便利なものではなく、用い得るものであること。そしてもう一つがbeautiful、美しいことです。ここに「美」が語られているのはきわめて重要で、これはトマス的にいえば、単に芸術的に美しいということではなく、神の秩序の別な表現でもある。

大平が三七〇ページにもおよぶ論文の中で書いているのは、まさにこの「神の秩序」のもとにある社会のありようです。この論文に取り組んだことは、大平の人生にとって決定的だった。ここまでやれば、こうした哲学が自分の中に刷り込まれないわけがないと思うのです。

中島　この論文の構造自体が、この後の大平の人生をつくったともいえますね。彼がもう少しトマス・アクィナスのほうに傾斜していたら、牧師になっていた可能性もあると思います。そうではなくトーニーのほうにいったから、神の秩序をこの世俗世界の中でどう実現していくのかを考えようとして、組合などの問題に関心をもち、官僚になるという道筋につながっていくわけですが……。

大平が官僚になることを決めたエピソードも、ちょっと面白いですよね。同郷の先輩である大蔵官僚のところへ行ったら、「君、大蔵省にこい」「本日ただいま、ここで採用してやる」といわれて、それでもう入省を決めてしまう。こんなに人生のことを深く考えている人が、強引な先輩に引っ張られてあっさり受け入れてしまうわけです。運命に身を委ねるというか、これが自分のところにやってきた役割なんだ、と考えたんだろうな、と思います。ここで「いや、牧師になるんだ」という選択をしていたほうが、自我が出ているという気がするんですよ。

若松　人は常に「やりたいこと」と「やらねばならないこと」の間で葛藤します。そしてその二つの間にもう一つ、「できること」というのがあって、三つの間の緊張関係によって進む道が定まってくる。大平にとっても、「官僚になれる」という道が目の前に開かれてきたときに、やりたいこと、やらねばならないことの間にもう一つの選択肢が見えてきたということだったんだろうと思います。

中島　それに、牧師にはならなかったけれど、トマス・アクィナスもやはり、大平の人生に決定的な影響を与えているように思います。それがトマスの論じた「トポス」という問題です。トポスとは人が「自分には役割がある」と感じられる居場所のことですが、その重要性という問題が、その後の大平の精神の非常に深いところに、ずっと根づいていたのではないかと。

というのは、詳しくは後でふれますが、大平がのちに政治家として掲げたさまざまな構想というのは、私にはどれも大きく見ればトポス論だと思えるんですね。たとえば「田園都市国家構想」は日本の、そして「環太平洋連帯構想」は世界のあり方を考える構想だといえますが、その背景にあるのは「それぞれがそれぞれの与えられた場所で、永遠の今における役割を果たす」。どちらも、そうした秩序に基づいた考え方のように思えます。

それを大平は、トマスの思想から導いてきた。その意味でも、大平という人は学生時代にすでにその輪郭がある程度定まっていたといえると思います。

若松　同感です。そして、今おっしゃった「構想」というもの自体が、現代では見失われがちなものだということも感じます。みんな、目の前の現象に応答していくので一所懸命で、「構想」というところまで考えが及ばない。大平の場合は、現在の社会的ニーズに対応して何かを発信するというよりも、過去と未来に引っ張られる中から「構想」が現じてくるという感じですね。

中島　卒業論文でも、中世的な共同体の思想というものに過去から引っ張られながら、賀川豊彦の実践にもしっかりと目を向けていて、その均衡点みたいなものを資本主義の先に見出そうとしている。政治家になってからの大平も、ずっとこういう感じなんですよね。尾根をずっと歩いているような、常に均衡点を進んでいこうとするバランス感覚を意識していた人なんだと思います。

「楕円の神学」とは何か

中島　もう一つ、やはり大平という人は若いときから完成していたんだなと思わされたのが、大蔵省に入った後、二七歳で横浜の税務署長になったときの「訓示」です。この中で大平は、こういっているんですね。

> 行政には、楕円形のように二つの中心があって、その二つの中心が均衡を保ちつつ緊張した関係にある場合に、その行政は立派な行政と言える。（「財政つれづれ草・素顔の代議士」、『大平正芳全著作集1』、講談社）

つまり、税務署は課税権力と納税者の論理、そのどちらか一方に立ってはならない、二つのバランスの間によき均衡点を探さなくてはならないんだといっているわけです。課税権力のほうに立つと、本当に貧しい、弱い人たちから金を搾り取ろうとするようになる。それは駄目だけれど、納税者の側に立ちすぎて、脱税などを見逃すようになってもいけない。どこに均衡点があるのかを探るのが税務署の仕事だと、二七歳のときにいっているんです。なんというか、できあがっているなあ、と思いますね。

若松　のちに「楕円の哲学」と呼ばれる思想ですよね。ただ、今回大平に関する資料を読み返していて思ったのは、これは「楕円の哲学」ではなく「楕円の神学」というべきものだということでした。そのほうが、大平の実感に近いのではないでしょうか。

中島　ああ、そうかもしれません。

若松　というのは、内村鑑三もまた「楕円」ということを語っています。「神の忿怒《ふんぬ》と贖罪」という文章なのですが、こうあります。

キリスト教的真理は円形ではなくして楕円形である。円形は一個の中心点を有し、楕円形は二個の中心点を有す。神は愛なりと解し、万物を愛をもって解せんとする、これ円形である。神は愛なりまた義なりと解し、愛と義とをもって心霊的宇宙をえがかんとする、これ楕円形である。しかして余の見るところをもってすれば、キリスト教的真理は哲学的真理と異なり、円形にあらずして楕円形である。（『内村鑑三信仰著作全集12』、教文館）

これがたぶん、大平の「楕円」という考え方の出所なんだろうと思われます。そして、ここで大事なのは、内村が楕円というのは宇宙的である、と述べていることです。楕円には、時間的にはもちろん、空間的にも次元的にも引っ張り合っている、ある種の緊張状態がある。その緊張状態を失った円形の時空においては、人は過去も未来も見失って、限定された意味での「今」に引っ張られるのみになる。そうではない楕円の時空をもつことが大事なんだというわけです。

しかし、もっとも重要なのは、この楕円をあらしめているはたらきそのもの、それが神の秩序です。楕円は、人間の理想ではなく、人間が神の秩序を認識しようとするとき、重要な扉になるのだと思います。楕円的に存在することは、人間をいつも「問われる場所」に置くことになる。

たとえば、キリスト教に傾倒するあまり、愛の絶対的優位、義の絶対的優位といったことをいい始めると、人は原理主義的になっていく。そういうものに対する警告としても、楕円というものが大事なんだと内村は語っているわけです。

哲学というものはどうしても「こちらが正しい、あちらが間違っている」というイデオロギーに近づいていきがちです。一方、内村も「キリスト教的真理は哲学的真理と異なり」と述べているように、神学は「神の学問」ですから、本質的には人間が決着させることはできない。大平の思想を考えるときには、そうした本当の意味での神学という視座から考えてみることが大事なのではないかと思います。

中島　大平のいうのは、常に神の超越軸という存在があっての「楕円」なんですよね。一見不均衡のように見える中のバランスを考えることが重要だけれど、その背景には神のはからいによる完成された社会という観念が存在している。単に「完成された社会など不可能だ」というのではないのだと思います。

若松　「完成された社会」あるいは「完成され得る社会」というものこそが強烈なイデオロギーなわけですね。

またもう一つ、若いときの大平について読んでいて印象的だったのが、「経済」についての考え方です。『私の履歴書』の中で、大学で受けた経済学者の中山伊知郎の講義についてこう書いているんですね。

やがてその内容は、「常に変動する経済現象を観察する時、最も特質的なことはその相互の依存関係であり、経済理論の基本部分は、均衡理論のあらゆる形態からなるものであるから、経済学とは均衡理論で貫かれた一体系である」（岩波全書）という立場をとられ、それが純粋経済学として結実したのである。（『私の履歴書』、前出）

1979年6月28日。東京サミットでの大平正芳　写真：Natsuki Sakai／アフロ

ここでも「均衡」という言葉が引用されています。大蔵省でキャリアを積んでいたときも、政治家になってからも、彼にとっての「経済」は、景気復興みたいな考え方とは根本的に違ったように思います。経済の原義は「経世済民」であって、単なるお金勘定、お金を効率よく回すための仕組みを考える学問ではない。世の中の根本そのものにふれ、世の中をつくり変えていくための学問であり実践である。そのことを、大平は大学で学んでいたときに、すでに認識していたのではないでしょうか。

現代の経済政策においては、「経済が弱っていて元気がないから注射を打て」というような、かなり乱暴な考え方が根づいているように思うのですが、大平はそうではない。世界全体を一つの有機体のように見つめながら、経済が一時期縮小してしまうことがあっても、病を治すように秩序を取り戻していかなくてはならない。そういう世界観が、彼の中にはっきりあるように感じます。

中島　大平は「労働の尊厳」という問題も、非常に重視していますよね。トマス・アクィナスの思想とも関連すると思うのですが、一人ひとりがそれぞれの居場所で労働するということに価値があると考えていた。彼が掲げる「田園都市国家構想」なんてまさに、それぞれの人がそれぞれの場所で輝いていくような循環をどうつくるかという発想であって、何か特定の分野に肩入れして経済へのカンフル剤にしようとか、そういう考え方はないんですね。

むしろ、そうしたやり方が通用する時代はもう終わったとはっきり認識しながら七〇年代以降の日本を再構築しようとした人だった。そしてその原点には、ここまで見てきたような大学時代の学びがあったんだろうなと思います。

中国へ——東洋思想への深い理解

中島　大蔵省に入省して三年目に興亜院へ出向したことも、大平の人生に大きな影響を与えたと思います。興亜院は対中国占領政策を扱っていた中央機関で、大平はその連絡部の一つ、内蒙古の張家口に赴任しました。

ちなみに、大平の赴任は一九三九年の五月ですが、同じ年の一〇月にやはり中国——当時の満洲国から帰国しているのが、のちに政治の場で大平と出会うことになる岸信介です。彼に対して、大平は一貫して批判的でしたが、それは非常によくわかるところがあります。

岸は学生時代に北一輝[*10]の『日本改造法案大綱』に大きな影響を受けていて、理想社会は設計的に、イデオロギーによってつくることができると考えていました。同時に、日本で設計図どおりに革命をやるためには天皇を利用する必要があると考えていたので、思想的に「右」のように見えるのですが、考え方自体はマルクス主義などに非常に近い。彼にとって満洲国は、まさに自分の思想を体現できる場だったでしょう。一方、大平はその「理想社会をつくれる」という考え方を根本的に疑っていた人ですから、岸とはまったく相容れなかったわけです。

その岸と入れ替わるようにして向かった中国は、大平にとって居心地のいい場所ではありませんでした。中国で強大な権力をもっていた軍部とはまったく話が合わず、厄介者扱いをされる。さらに、張家口周辺は農業地帯で、アヘンを大量に輸出していたことから、日本政府が占領支配にアヘンを利用した「アヘン政策」に大平もかかわらざるを得ませんでした。このときのことを、大平はのちに「嫌だった」と話していたといいます。

そして何より、大平は岸のような、人間の理知によってすべてをコントロールしていくという考え方に強烈な懐疑があった。日本の大陸進出そのものが人間の思い上がりだという思いが彼の根本にあって、それが軍部との対立にもつながったのだと思います。

その点で、大平と共鳴したのが当時、農林省から上海に出向していた伊東正義ですね。彼はのちに政界入りして大平の右腕となるのですが、大平が「現地の軍部の独善的なやり方や、実情を知らない東京の役人の統制的な考え方を、大胆に批判していた口調が、いまでもハッキリと私の脳裏に残っている」（「大平正芳という政治家」、『大平正芳　政治的遺産』、大平正芳記念財団）と回想しています。

大平は一九四〇年一〇月に帰国しますが、自分自身もまた侵略の手先であるという自覚と内省は、ずっともち続けていたようです。その後、興亜院本部、大蔵省主計局などに勤務して敗戦を迎えますが、玉音放送を聞いたときも、ショックを受けることはなく「遂に来るべきものが来たという安堵感に浸っていた」と『私の履歴書』に書いています。

若松　中国にいた時期というのは、大平が中国思想、あるいは東洋思想に深く入っていった時期でもありますね。「嫌だった」時期というのは、勉強するほかない時期でもあったのかもしれません。

大平の書き残したものを読んでいると、彼が何の躊躇もなく漢文でメモをとれるような、非常に漢文に造詣の深い人だったことがはっきりとわかります。もちろんそれだけではなく、東洋思想そのものをも深く理解している人だった。キリスト教が彼に与えた影響というのは決定的ですが、一方で東洋思想からも大きな影響を受けていたことを、見逃してはならないと思います。

つまり、物事を具体的に考えていくときに、大平の中にはキリスト教的な愛とか義というだけではなく、そこからはみ出るような座標軸がはっきり、きわめて強くあった。それが東洋思想だったのだと思います。

中島　キリスト者としての自分がぶれずにあるがゆえに、東洋思想を学ぶという感じですよね。そうして、東と西に引き裂かれてあることによって、楕円が形成される。その一方、たとえばキリスト者であるということだけにのめり込んでしまうと、楕円は生じず、何らかのイデオロギーになっていくということだと思います。

「あるべきよう」と「中庸」

中島　さて、大平が「安堵感に浸った」終戦の後、戦後復興期の彼の仕事についても少し見ておきたいと思います。大平は時に新自由主義者のようにいわれることがあるのですが、私はそれは違うと思っているんです。

たしかに、大蔵省にいた大平は、緊縮財政を訴えて「安くつく政府」の必要性を述べ、官業払い下げなどを提案しています。そのため「小さな政府」論を唱えた、とよくいわれるのですが、そうではないと思うのです。彼が見ていたのは、戦前・戦中の日本の「大きすぎる政府」がいかに硬直化していたかということだった。ただ、ではそのすべてを民間に任せればいいのかといえば、そんなわけはない。ここでも彼は、大きな政府と小さな政府のバランスを考え、その均衡点を探ろうとしたのだと思います。あえてわかりやすい言葉にするならば、「中ぐらいの政府」を目指そうとした人だったのではないでしょうか。

大平は、社会的再配分を非常に重視していました。その一方で、大きすぎる政府になってしまうと、硬直化して戦前・戦中の日本のような統制経済を生んでしまう可能性があるとも考えていた。だから、そこのバランスを常に考え、資本主義の暴走に対抗するために、会社が資本の論理だけにのみ込まれないよう、労働組合がきちんと経営に参加していくことが必要だと主張したのです。実際に、官僚としてその制度化にも取り組んでいくのですが、これは非常に重要な仕事だったと思います。

また、大平は国家公務員共済組合の創設など、公務員の福祉制度改革にも取り組みました。これは、現業と非現業——役所にいるエリート公務員と、ゴミ収集などの現場で働く公務員、その間の格差をなくしていこうとしたものです。これもやはり、彼が重視していた「労働の尊厳」とか「トポス」の問題にかかわっているのだろうと思います。

若松　今、「中ぐらいの政府」とおっしゃったんですが、それは単純に大きいか小さいか、その中間がいいか、という話ではありませんよね。私は、大平にあって現代の政治家にないのは、明恵上人《みょうえ》*11のいう「あるべきよう」だと思うんです。

中島　ああ、そうですね。

若松　あるべきようにあれ、別ないい方をするならば「中庸」ということになるのでしょうか。その感覚が現代の政治からは失われている、中庸は発達段階の途中にすぎず、よくないものだと思われているということが、現代の一つの強い傾向としてあると思うんです。

それと反対に、中庸こそが目指すべき姿だという信念が、大平にはあったと思います。これは、東洋思想の根幹にある考え方でもあり、トマス・アクィナスに決定的な影響を与えたアリストテレスにも共通する姿勢です。

中島　おっしゃるとおりですね。中庸というのは、AとB、二つの考え方があるから、その中間のこの辺で収めておきましょう、というような話ではない。楕円の均衡点において何かが生まれて立ち上がってくる、その瞬間こそが中庸であって、非常に積極的な論理なんですよね。そこのところがなかなか理解されていないと思うのですが……。中庸を求めるとは、平均台の上を渡る技術のような、言語化できない感覚であって、それを身につけることが政治家にとって重要なことだと大平は考えていたのではないでしょうか。

若松　世の中というのは、中庸でなければ継続できないものだと思います。政治でも民間でも、やたら「改革」が叫ばれたりしますが、改革ばかりを目指していくと、中庸の状態がなくなって根無し草になってしまう。改革し続けるというのは、実は組織をとても弱くしていくんだと思うんです。会社くらいならまだいいけれど、国の場合だったらどうなるか。それが、小泉改革以降の日本で私たちが直面している大きな問題だと思います。

「政権は、強い反対党によって、腐敗から免れる」

中島　では、大平が政治家になってからの歩みを見ていきましょう。大蔵省でキャリアを重ねていた大平は一九四九年、第三次吉田茂内閣で大蔵大臣に抜擢された池田勇人に引き抜かれ、その秘書官となりました。その後、池田の導きで五二年に衆議院選挙に出馬し、初当選。六〇年に池田が内閣総理大臣になると、官房長官として入閣することになります。

池田はもともと、大平が横浜の税務署長をしていたときの上司なのですが、彼と大平との関係も非常に面白いですね。大平が残している池田についての文章を読むと、けっこう辛辣なことを書いているんです。池田がいかに欠陥のある人物かということをはっきり書いていて、かなり厳しいこともいっている。一方で、この二人は深いところでがっちりつながっているんです。大平は、池田に欠陥があると思うがゆえに彼に惹かれているところがあるし、池田もまた、それを理解しながら大平を大切にしている、そういう関係性があったんですね。

そして、その池田とともに対峙することになる野党との関係性も、非常に興味深いものがあります。大平は、こんなことを書いているんです。

はげしい政争は、内乱に代るものという限りにおいて、歓迎すべきものである。反対党は予備的政府であり、「国民の政府」に配する「国民の反対党」である。強力な政権は、強い反対党によって、腐敗から免れるものである。（『素顔の代議士』、20世紀社）

与党というものは、野党というものがあるゆえに成立するんだというわけです。大平のように、一貫して与党にいた人間が、だから野党を大切にしろといっている。与党も野党もそれぞれの役割を果たし合うことによって、よりよいものが生まれてくる。これもまた「楕円」であり、今の与野党双方に完全に欠けている発想だと思います。

若松　欠けていますね。大平は、「賢者にとっての敵は、愚者にとっての味方よりも有用だ」という神学者バルタザール・グラシアン[*12]の言葉をメモしています。優れた者は敵にも真実を見るが、愚人を味方にする愚人の目は真実を見ない、というのでしょう。そういう覚悟で物事や他者と向き合っている人と、誰でもよいので相手を味方につけようという人とでは、見えてくるものも違うのだと思います。

中島　同感です。

さて、池田内閣において大平が経験したことで、もっとも重要なのは六二年、第二次内閣で外務大臣になったことだと思います。外交という、まさにもっともバランス感覚が必要とされる場に立ったわけですね。

韓国との国交正常化交渉においても、そのバランス感覚が遺憾なく発揮されました。当時、日本と韓国との間には戦後補償をめぐる対立がありましたが、大平は経済協力などさまざまな手段を通じて信頼関係を構築し、請求権問題で合意。日韓基本条約への先鞭をつけていきました。条約自体は六五年、大平が要職から外れていた佐藤栄作内閣のときに結ばれていますが、その基礎には間違いなく大平の努力があったわけです。

ただ、これを境に、池田と大平との間には隙間風が吹くようになりました。すべてを大平が主導して進めたために、池田が嫉妬のような思いを抱いたといわれています。結果、六四年に成立した改造内閣では、大平は閣外に去ることになりました。

息子の死と「思索の時代」

中島　さらに、この六四年に、もう一つ大きな出来事が起こっています。大平の長男、正樹が病気で亡くなったのです。のちに、その死によって「生くる希望と情熱を失いかけた」（「長男正樹の思い出」、『大平正芳全著作集2』、前出）と書いているように、彼は大平にとって非

常に大きな存在でした。息子でありながら、ある意味で尊敬の対象であったともいえるよう

に思えます。

正樹はもともと身体が弱かったのですが、その「弱さ」によって自分が支えられている、

何かが引き出されているという感覚を、大平は強くもっていたのではないでしょうか。

若松　正樹は二六歳で亡くなるんですけど、彼がなぜそこまで大平を惹きつけたのかと

いえば、彼が大平の「生きることのできなかった人生」を生きた人だからではないかと思い

ます。

というのは、正樹も敬虔なキリスト者だったんですよね。つまり、一時は牧師にまでなろ

うとした大平の、もう片方の精神性を継承していた存在だった。しかも、父親にいわれたか

らではなく、彼はそれを自ら選びとって生きていた。そして、物理的な意味でも、本当に弱

い人に寄り添って生きていた人だったようです。大平の文章を少し引用しましょうか。

〔正樹は※引用者注〕とりわけ不幸な人々に対する同情の念が篤かった。大学在学中も、

眼の見えない高校生達のために毎週定期的に護国寺付近にある盲学校に行って、彼等の

もとめる本を読んであげておったことを私は後になって知った。また、その人達を自宅

に招いて、食事を差上げたり、音楽を聞かせたりしたことも何回かあったようだ。家の

お手伝いさんと自分達家族との間に、食事その他の処遇に少しでも差別があれば、それは彼にとって耐え難いことであったようで、必ず平等にさせたものである。最近になって判ったことであるが、自分の限られた小遣いをさいて、何年もの間貧しい友の学費を補給しておったようだ。(「長男正樹の思い出」、同)

なかなかできないことです。大平は「後で知った」と書いていますけど、大平ほどの人ですから、自分の息子がどういう人物であるかということ、自分にないものをもっている人間であるということは、もちろん日々接していればわかっていたと思うんですね。

その息子が、病で亡くなってしまった。そのときのことを書いた文章も、少し読んでおきたいと思います。

六日の午後五時、高熱の中で「旅に出るから靴の用意をしろ」という言葉を最期に、私をはじめ家族の見守る中に、間もなく心臓マヒを併発し、遂に絶命したのである。(同)

読んでいて、内村鑑三が娘さんを亡くしたときのことを思い出しました。彼の人生はそこから、娘の死というものによって導かれていく。内村は妻を亡くすという経験もしていますが、娘の死は、それとは違う苦しさ、違う悲しみがあると語っています。そしてそれゆえに内村も大平も、その後の人生を決定づけられていったということなのでしょう。

だから、正樹が亡くなった六四年というのは、大平の精神の年譜において、決定的な分かれ目の年だったと思います。ここを境に彼の政治がどう変わっていったかということを、内面的な問題として見ていくことができるのではないでしょうか。

中島 政治的にも大平はこの時期から、不遇の時代にさしかかっていきます。先ほどふれたように池田に疎外され、次の佐藤栄作内閣でも要職からは遠ざけられました。しかし私は、この時間が大平を大きくしたのではないかと考えています。

若松 おっしゃるとおりです。彼にとって大事な時間だったはずですね。

中島 そうなんです。そして大平自身も、そのことをよくわかっていたのではないかと思います。

官房長官も外務大臣も非常に忙しいポストですから、そこから解放された大平は、ようやく好きな読書を楽しむ時間がとれるようになりました。そうして本と向き合いながら、彼はもう一度「死者たちとの対話」を始めます。そういう時間をとらなくてはならないということを、彼はよく理解していた。そしてこの思索の時間が、のちに大平が掲げることになるさまざまな「構想」へとつながっていったのだと思います。

この六〇年代半ばというのは、高度経済成長や東京オリンピックで世の中が沸き立っていた時代です。しかし、大平はすでにその先を見据えていた。もはや重要なのは経済成長ではない、どうすれば誰もがトポスを与えられ、尊厳を認められて生きることのできる世界を実現できるのか。そういう「時代の転換点」を、政治家としていち早く先取りしようとしていたのです。それまでのような、欧米に追いつけ追い越せの時代はもう終わったと、彼は考えていたのではないでしょうか。

つまり、池田内閣のときには、オリンピックをやり高速道路をつくり、それによって急速に経済成長を果たした。しかしこれは、短距離走のようなもので長くはもたない。短距離走ではなく長距離走に切り替えていくためには何が必要か。それは精神的な豊かさではないかという方向に、大平は向かっていくわけです。その原点が、この思索の時代にあったのだろうと思います。

若松　大平というのは、ある意味で「生かされている」人だなと感じることが時々あります。こうした、世の中からは「不遇」に見える時代にこそ、大きなものが彼の中に宿りつつある。こういう時間が彼に準備されていたということは、ある意味で彼への恩寵だったということが、後から見ればわかってくる。そして、こうした思索の時間は、現代の私たちにも必要なものなのではないかという気がしますね。

中島　そうですね。この対談でも扱ったインドの独立指導者・ガンディーが、農業における二毛作に反対しているんですよ。農閑期に別の作物をつくろうとするべきではない、空いている時間に日陰で本を読んだり、人と語り合ったり、チャルカーを回したりしろ、その時間こそが重要だというんですけど、それを思い出しました。

「田園都市国家構想」と「日本列島改造論」

中島　さて、この「思索の時代」の後、大平は第二次佐藤内閣で若干の復権をし、政調会長を経て通商産業大臣となります。

当時、アメリカはニクソン政権で、繊維摩擦が大きな問題になっていました。アメリカは日本の繊維産業によって国内産業が大きな打撃を受けているとして、繊維製品の輸出規制を求めるなどの圧力をかけてきます。ここで大平は、アメリカと日本との関係性が変わったということを、非常に敏感に察知するんですね。

つまり、アメリカがボスである時代は終わった。アメリカは日本を、貿易におけるある種の競争相手として見るようになっている。これを受けて、日米安保体制も変わらなくてはならない。もちろん日米関係は重要だけれど、それ一辺倒という時代ではなくなってくると、彼は考えたわけです。ここで、アジア太平洋諸国との協力関係を強化するという「環太平洋連帯構想」が彼の中に出てくるんですね。アメリカと距離をとりながら、アジアの中にどう生きていくのかということを、大平が考え始めたきっかけだったと思います。

また、内閣改造で通産大臣を外れた後、池田が立ち上げた派閥である宏池会の会長に就任した大平が七一年、政策委員会による提言というかたちで発表したのが「田園都市国家構想」です。のちに大平は、この構想を作成した背景として、こう説明しています。

当時、経済の高度成長と人口や産業の都市集中の結果、国土の三%の土地に全人口の半分が住むことになりました。そして過密過疎、大気汚染、水質汚濁等による環境の破壊と公害が進行しておりました。一方、核家族化や各種の人間疎外現象は、社会の各層に深刻な世代間の断絶と相剋を生む気配が出ておりました。（「ふるさとにかける夢」、『在素知贅』、前出）

いつまでもこんなことを続けていてはいけない、パラダイムを変えなくてはならない。そのためには、これまでのように都市が農村を一方的に搾取するのではなく、都市と農村が有機的につながった「田園都市」が各地に点在するというあり方を目指すべきだというのが大平の考えでした。一種の地方分権なのですが、都市と農村が具体的な関係性をもって、お互いに支え合うような共同体を各地に構築しようとしたわけです。

「環太平洋」も「田園都市」も、六〇年代半ばに重ねた思索が基盤となって、それが具体的な問題と出合ったときに花開いて生まれたものだと思います。こうした「構想」というもの自体が今の時代には失われつつあるというのも、先に若松さんが指摘してくださったとおりですね。

若松　2章で空海を取り上げましたけど、大平が『私の履歴書』でふるさとの香川について書いている中に、空海にふれたくだりがあるんです。

讃岐には無慮三万にものぼる大小の溜池があり、冬のうちから余水をためておいて、夏の灌漑に備えることにしていた。弘法大師（空海）は、讃岐の屏風ヶ浦に生まれた名僧であるが、彼は真言宗の創始者であるばかりでなく、偉大な技術家であり、すぐれた政治家でもあった。その足跡は国の内外に及び、その事績は多彩であり、その構想は壮大であった。日本一の溜池、満濃池（灌漑面積約四千六百余町歩）をはじめとして、大師の築造にかかる溜池は、いまなお数多く残っている。（『私の履歴書』、前出）

一見すると何気ない文章ですけど、大平の目には、空海もまた「構想」をもって動いていたように見えていたことがわかります。また、「冬のうちから余水をためておいて、夏の灌漑に備える」というのは、まさに国のあり方そのものですよね。これを幼いころから会得するような場所に大平が生まれたこと、その風景との交わりの中で、田園都市国家構想は生まれてきたんだろうという気がします。

中島　そして、その田園都市国家構想と対照的にも見えるのが、大平の盟友・田中角栄が掲げた「日本列島改造論」です。工業を地方に分散し、地方都市を整備することで、高度経済成長の「果実」を日本全体に及ぼそうとする考え方。いわば、この時代に日本が進むべき二つの方向性をそれぞれ示してみせたのが、大平と田中だったといえると思います。

ただ、先にも少しふれたように、実はこの二人は、根っこのところでは同じだったともいえます。つまり、農村部の生まれで、福田赳夫や三木武夫のような「エリート」に対しては強い反発を抱く。そして二人とも、地方の貧しさ、苦しみといったものをよく理解している政治家だったと思います。

違ったのは、その都市と地方との格差解消に向けて、田中はダイレクトに「カネをもっていこう」と考えたこと。そのために、高速道路や新幹線で列島をつなぎ、地方でも産業を興せる状況をつくっていこうとしたわけです。結果として、それは逆説的に東京への一極集中を進めてしまうことになるのですが……。

大平は、それでは駄目だと考えた。地方を豊かにしなくてはならないというのは正しい。しかしそれは、精神的なものも含めた豊かさでなくてはならない。その発想から、田園都市国家構想が生まれたわけです。新幹線で列島をつなぐのではなく、都市と農村が経済的にも文化的にもつながった共同体を無数につくっていく、その総合体こそが日本であるべきだと考えたのですね。

同じ根っこをもちながらも、対照的な二つの方向性を掲げた二人の政治家。そのうちの田中が先に首相になったことの意味を、考えずにはいられません。そのことを、今も日本はどこか引きずっているような気もしています。

あるいは、大平がのちに総理になるけれども、政権が短命で終わったことの意味ですね。大平の示したものこそ八〇年代に花開くべきだったのが、その後の中曽根康弘内閣の成立などでまったく違う方向性にいってしまったというところがあると思います。

若松　政治家というのは、国民が顕在的にだけでなく、潜在的に強く求めるものに応答するという側面が多分にある。リーダーシップをもって引っ張っていくだけではなくて、国民が求めるものを具現化していくというのも、政治家の役割なわけです。そう考えると、大平政権が短命に終わったのは本当に惜しむべきことなんですけれども、国民の側も大平が提

1978年12月8日。首相就任後初の記者会見に臨む大平正芳
写真：Fujifotos／アフロ

唱してくれたことを求め続けなかったということも、大きな問題としてあるんだろうと思います。

私たちは、モノだけでは人間は生きていけないと知りながら、どうしても物質的な幸福を求めようとします。田中はその声によく応えた人だったといえると思います。私は田中と同じ新潟の出身なのですが、田中が五〇年代末に郵政大臣をしていたために、新潟では早い時期から他の地方に比べて視聴できるテレビのチャンネル数が多かったりしました。モノ的に満たされるということは悪いことではない。しかし、そこにとどまってしまうと、次第に精神的感覚が疎くなってくる、というのもまた事実だと思うんです。

今も、コロナ危機において、とにかく政府にお金を配れと求める声が大きくなっています。その気持ちは、もちろんよく理解できる。ですが、その一方で、私たちが直面しているもっと根深い問題を、短絡的に考えていくことになりはしないかということが、少し怖くもあるんです。精神は人間存在の根底をなすものです。そのことを忘れていくと、物的な困窮とは異なる困難を生むことになる。精神的な豊かさを求めるとはどういうことなのかを、大平と田中、二人の関係性からもう一度考えてみてもいいんじゃないかという気がしています。

中島　時々、大平と田中が首相になる順番が逆だったらどうだっただろう、と思うことがあります。大平が先に首相をやっていたら、田中はそちらの方向に決定的に影響を受けたんじゃないかという気がして。

若松　田中が首相になる六年前、一九六六年に、まさに「精神的な豊かさ」とは何かを問うた精神科医・神谷美恵子[*13]の『生きがいについて』が刊行され、ベストセラーになる。そして、石牟礼道子が水俣病を描いた『苦海浄土　わが水俣病』が六九年。そういう本が出てきたということは、世の中のありようをはっきり表しているところがあると思います。政治はそれを後追いしていくわけで。歴史に「もし」はないというけれど、そこでタイミングが合っていたら、大平が政権に就いていたらということを、考えてみたくなりますね。

日中国交正常化に向けて

中島　さて、七二年、その田中を首相とする内閣で、大平は外務大臣に就任します。この半年ほど前に、ニクソン米大統領の突然の中国訪問があり、米中の対立というそれまでのパラダイムが大きく変わろうとしていたときでした。

それまでの自民党政権は、台湾との関係が強く、中国とは距離をおいていました。それを、世界の大きな流れを見ながら、しかし台湾を傷つけないようにしつつ、どのように中国を取り込み、国際社会にソフトランディングさせていくか。あまりに中国に接近しすぎるとアメリカとの関係が危うくなるが、しかしその日米関係も以前とは変わりつつある……そうしたいくつもの楕円を描き、解いた結果として、大平は日中国交を正常化し、「環太平洋」という構想に中国を包み込もうとするわけです。

日中国交正常化の共同声明に署名したのは田中ですが、実際に方向性を定め、シビアな交渉を担当したのは大平でした。先に述べた日韓関係もそうですが、日本のアジア諸国との関係の土台をつくったのは大平だったといっていいでしょう。それも、単に大平という人が外交家として優秀だったからというよりは、他の国のトップと人間的信頼関係を築けたことが大きかったと思います。

若松　日中国交正常化の交渉相手だった周恩来などは、大平を見て「話し合えるな」と思ったんでしょうね。話し合える相手、信頼できる人間だから話が進んでいくわけです。

それに比べると、今の日本の外交は、大変に大きな壁にぶつかっている。どの国との関係においても、互いにやらなきゃいけないことはわかっている。けれども話し合える相手、対話し得る人間がいないということなのかもしれません。さらにいえば、より高次な対話を行える人間がいないわけです。

中島　安倍前首相がロシアのプーチン大統領との領土交渉を進められなかったのも、その面が大きいと思います。プーチンも、やっぱり「話し合える相手かどうか」というのを試してきていたと思うんですね。それで「話せない」となったから、返還交渉が暗礁に乗り上げてしまった。

若松　これは首相になってからですが、大平はソ連との関係において、「永遠の隣人」という言葉を使っています。「永遠の隣人として、われわれはソ連とつき合っていくより、他に手がないいんじゃないでしょうか」（『複合力の時代』、大平正芳・田中洋之助、ライフ社）と語っている。これは面白いですね。

隣人というのは、もちろんキリスト教にも深く関係してくる言葉ですが、敬意をもちながらも近づきすぎない、といった意味だと思います。相手を表層的に理解するというのではなくて、相手の尊厳に絶対的な敬意をもちながら、共鳴・共振の関係をつくっていくというのが「永遠の隣人」なのではないでしょうか。この時代にこういうことを語れるというのは、やっぱり卓越した視座だと思いました。

中島　大平は、「永遠の隣人」としてのソ連との付き合いを生み出すことによって、冷戦を解体しようということまで考えていたと思います。環太平洋連帯構想の「環太平洋」には、もちろんソ連も含まれていた。それほどのスケールをもった構想だったと思うのです。

北方領土問題を含めたソ連との交渉は、六〇年の日米安保条約改定以降まったく進まなくなりました。安保改定を、ソ連が「日本はソ連との関係を切ってきた」と受けとったからです。しかし、大平政権がもう少し続いていれば、大平はこのソ連の硬直化を押しとどめ、交渉を前に進めることができていた可能性もあったんじゃないかと思っています。

「真の生きがいが追求される社会」

中島　その大平内閣が成立し、大平が内閣総理大臣に就任したのは一九七八年ですが、組閣時のキャッチフレーズは「信頼と合意」でした。いかにも大平らしいというか、地味で素晴らしいと思うのですが（笑）、このときの大平の施政方針演説もなかなか読ませます。普通は、「税金を何％下げます」とか、目の前のことをいうわけですが、大平は五〇年先まで射程に入れた演説をしているんです。

我々が、今、目指している新しい社会は、不信と対立を克服し、理解と信頼を培いつつ、家庭や地域、国家や地球社会のすべてのレベルにわたって、真の生きがいが追求される社会であります。各人の創造力が生かされ、勤労が正当に報われる一方、法秩序が尊重され、自ら守るべき責任と節度、他者に対する理解と思いやりが行き届いた社会であります。

私は、このように文化の重視、人間性の回復をあらゆる施策の基本理念に据え、家庭基盤の充実、田園都市構想の推進等を通じて、公正で品格のある日本型福祉社会の建設に力をいたす方針であります。（第87回国会における施政方針演説、『大平正芳回想録　資料編』、前出）

経済中心の時代から文化中心の時代へ、真の生きがいが追求される社会にしなくてはならない、というわけですね。この「真の生きがい」という言葉などは、先ほど若松さんがふれられた神谷美恵子の『生きがいについて』などを、大平なりに咀嚼して出てきている可能性もあるんじゃないかと思います。

若松　その可能性は十分にあります。さらにいえば、大平は、神谷美恵子が自分と同じ内村鑑三の血脈を継いでいることに気がついていたかもしれない。大平は本当に読書家ですから『生きがいについて』を手にしていたとしてもまったく驚きません。

そして、この施政方針演説は、本当によい文章だと思います。今回の対談を準備しているときに、私も最初に心打たれた一節でした。こんなことを言葉にできる政治家がいたんだ、嘘だろうと思ってしまうくらいの文章です。

何というか、「言うだけなら誰でも言える」の対極にあるものです。一つひとつの言葉が、大平が生きてきたものだということがはっきりわかる。たとえば「責任と節度」「理解と思いやり」といっても、辞書から引っ張ってきただけの言葉ではなくて、彼が生きてきて、そして語った言葉だということが伝わるから、半世紀たった今も私たちの心を打つんだと思うのです。

先にもふれましたが、「言葉の崩壊」という問題は、今の日本の政治における決定的な危機になっている。これは与党だけではなく野党もそうなんですが、政治家が「知った」言葉で語り続けている間は、世の中は動かない。その人が自ら「生きた」言葉を中核に据えながら語られることがない限り、聞く人はその人を信用しないんだと思うんです。それが、こういう言葉が語られていた時代があったんだというのは、一つの貴重な遺産として忘れずにいたいですね。今の人たちが、熟読玩味すべき文章だと思います。

中島　おっしゃるとおり、大平が生きてきたことの重みがすべて含まれている文章だと思います。その中で、少し唐突に聞こえるのが「家庭基盤の充実」という言葉なのですが、ここにはやはり「死者の存在」があるんだと思うんですね。単に家庭って大切ですよ、という軽い話ではなくて、息子や父、そして幼い日を一緒に過ごした「おしげさん」、そういう死者たちの存在が、この言葉には含まれている。「この言葉は息子が書かせている」という感覚が、大平にはあったのではないかという気がします。

さらに、この施政方針を出した後、大平は真っ先に、信頼できる学者たちを集めて政策研究グループを結成します。内容には一切介入せず、大平内閣の方針や見解と異なることでも自由に討論し、提言してもらうというものでした。ここでも、やはり「楕円」が意識されている。自分と違う意見、違う発見によって何かが現れてくるという大平の考えが表れていると思います。

ただ、この研究会は、大平が亡くなった時点でもまだ、提言を示せていませんでした。死後にようやく答申が出るのですが、次の総理になる鈴木善幸は、これを継ぐことができなかった。研究会で議論された内容はそこで潰えてしまったわけで、本当に残念だと思います。

見えない力を政治が結集する

中島　その後、大平は七九年の総選挙で、財政再建のための一般消費税導入を掲げますが、党内からも大きな抵抗を受け、撤回に追い込まれます。さらに、選挙の結果自民党が大幅に議席を減らしたことの責任を問われ「四十日抗争」と呼ばれる激しい党内抗争が発生。何とか第二次内閣を組閣したものの、野党の出した不信任案決議が、一部の与党議員が採決を欠席したことで可決され、解散総選挙になだれ込みます。そして衆参同日選挙となったこの選挙戦中、大平は病によって急死してしまうんですね。
ここまで大平の生涯を追ってきて、若松さん、いかがですか。

若松　大平が亡くなったときのことは、はっきり記憶にあります。もちろんニュース番組を通じてなんですけど、「ああ、本当に亡くなっちゃったんだ」と思ったのを覚えています。そういう意味で、同時代を生きた人という感覚があります。
最後に、晩年の大平の言葉を一つ、引いておきたいと思います。

領土を広くするわけにはまいりません。資源をいま作り出す手立てもないのであります。あるものは、われわれの頭脳であります。われわれの労働力であります、われわれの工夫であります、われわれの精神であります。われわれの目に見えない力を政治が結集いたしまして、あらゆる困難のなかに確かな未来を、子供のために、高齢者のために作り上げなければならないのであります。（衆参同時選挙を迎えての街頭演説・一九八〇年五月三〇日東京新宿、『永遠の今』、大平事務所）

大平はこの演説をした日の夜に倒れ、二週間後には亡くなってしまうのですが、「見えない力を政治が結集」するという一節が、まさに彼の生涯を象徴していると思いました。大平という人は一言でいうならば、まさに「目に見えない力を結集」しようとした人だったといえると思うんです。私たちも今、この「目に見えない力を政治が結集する」ということを、試みてもいいのではないかという気がしています。

中島　素晴らしいですよね。街頭演説ですからみんな、その内容のすごさにはなかなか気づかなかったでしょうし、あの独特の話し方もあって、当時は凡庸な人に見えたんだと思うのですが、話されている内容を今読んでみると、本当にすごいと感じます。

若松　「目に見えない力」にはもちろん、中島さんがおっしゃった「死者」も含まれている。そういうことを、言葉として残していってくれた人ですよね。それをもう一回読み直すところから、私たちは始めるべきなのかもしれないと思いました。

中島　彼の言葉を読むということは、今の政治を考える上でとても重要だと思っています。特に今、ここまで政治の言葉が崩壊してしまっている状況にあって、大平がその言葉によって何を支えようとしていたのか、何を実現しようとしていたのかということが、よりクリアに見えてくる気がするのです。

註

1
エドウィン・O・ライシャワー
一九一〇〜九〇。アメリカの歴史学者。東京生まれで一六歳まで日本ですごす。ハーバード大学教授。第二次大戦中からアメリカの対日政策立案に参与。六一〜六六年駐日大使。著書に『日本　過去と現在』『米国と日本』などがある。

2
伊藤亜紗
一九七九〜。東京工業大学リベラルアーツ研究教育院教授。東京工業大学環境・社会理工学院社会・人間科学コース教授。東京都生まれ。専門は美学・現代アート。著書に『ヴァレリーの芸術哲学、あるいは身体の解剖』『目の見えない人は世界をどう見ているのか』などがある。

3
田邊元
一八八五〜一九六二。哲学者。東京生まれ。京都大学教授。京都学派の絶対弁証法を提唱。著書に『科学概論』『ヘーゲル哲学と弁証法』などがある。

4
森崎和江
一九二七〜。詩人、作家。大邱生まれ。五八年に筑豊の炭鉱町に転居。女性炭鉱労働者への聞き書きから始めて、アジアの階級史、民族史、女性史について執筆。著書に『闘いとエロス』『第三の性　はるかなるエロス』などがある。

5
矢内原忠雄
一八九三〜一九六一。経済学者。愛媛県生まれ。東京帝国大学を卒業後、同経済学部教授となり植民地政策を研究。戦争批判をしたため職を追われた。戦後東京大学に復帰、のちに総長となる。学生時代から内村鑑三の教えを受けた。無教会派キリスト教伝道者として著名。著書に『帝国主義下の台湾』『嘉信』などがある。

6
賀川豊彦
一八八八〜一九六〇。キリスト教伝道者、社会運動家。兵庫県生まれ。困難な家庭環境と病身からキリスト教徒となり、神戸神学校を卒業。神戸の貧民街で伝道を開始。労働争議や、農民運動、協同組合運動を指導した。著書に『死線を越えて』『一粒の麦』などがある。

7
上田辰之助
一八九二〜一九五六。経済学者。東京生まれ。欧米に留学ののち、東京商科大学の教授に。中世経済思想史が専門、特にトマス・アクィナスの思想とその時代を経済学的側面から研究する。著書に『聖トマス経済学』『蜂の寓話』などがある。

8
トマス・アクィナス
一二二五頃〜七四。イタリアのスコラ神学者、哲学者。南イタリアのアクィーノ近郊の城主の子、モンテカシノの修道院で初等教育を受け、ナポリ大学入学。のちに、ドミニコ会入会。パリ、イタリア各地で教え、カトリック神学・哲学の大体系を築く。一三二三年列聖。一八七九年、回勅によりその哲学がカトリック公認とされた。著書に『神学大全』などがある。

9
R・H・トーニー
一八八〇〜一九六二。イギリスの歴史家、社会思想家、労働運動家。オックスフォード大学卒業後、ロンドンの救貧事業施設に入所。労働党入党、同時に設立された労働者教育協会員として成人教育にたずさわる。『16世紀の農業問題』や、著名な社会評論『獲得社会』『平等論』などを記した。

10
北一輝
一八八三〜一九三七。思想家、社会運動家。新潟県生まれ。初めに社会主義思想に接近し、その後中国革命に参加。大川周明らと猶存社を結成し、ファシズム運動を進める。『日本改造法案大綱』を刊行し、皇道派青年将校に大きな影響を与えた。三六年の二・二六事件に連座して死刑となる。

11
明恵上人
一一七三〜一二三二。鎌倉時代の華厳宗の僧。幼い時に両親を失い神護寺で出家。東大寺で華厳を学ぶ。密教の伝授を受け、華厳と真言密教を融合した独自の宗教観を打ち立てた。〇六年に栂尾・高山寺を開く。高山寺の宝物に、有名な鳥獣戯画がある。

12
バルタザール・グラシアン
一六〇一〜五八。スペインの哲学者、イエズス会士、著述家。長年にわたりイエズス会に無断で著書を出版し処分を受ける。簡潔で緊張感に満ちた文体で、辛辣な批評精神をもつ。著書に『処世の知恵』などがある。

13
神谷美恵子
一九一四〜七九。精神科医。岡山県生まれ。アメリカに留学後、医師となる。五八年から七二年までハンセン病療養施設長島愛生園の精神科に勤務。独自の「生きがい論」を確立。神戸女学院大学、津田塾大学の教授を務める。著書に『人間をみつめて』『生きがいについて』などがある。

終章

二〇二一年秋、「コトバ」を失った時代に

コロナ危機の中で活躍したリーダーたち

中島　若松さんと一緒にこの対談を始めたのは二〇二〇年四月、新型コロナウイルスの感染拡大によって首都圏などで初めての緊急事態宣言が出されていたときでした。そこから、危機は収束に向かわないまま一年以上がたってしまいましたが、この間、印象的だった「リーダー」について振り返ってみたいと思います。

まず、私がコロナ対応においてもっとも大きな役割を果たしたと感じているのは、東京・世田谷区長の保坂展人さんです。彼はこの一年、他の自治体に先駆けてさまざまな施策を進めてきました。複数の検体を一つにまとめて検査する「プール方式」ＰＣＲ検査の導入、高齢者施設へのＰＣＲ検査「ローラー作戦」実施……。いずれも、厚生労働省もその効果を認め、数カ月遅れで国の施策に取り入れています。

私は、保坂区長とは何度もお話をさせてもらっていますが、区政におけるさまざまな決断を、常に「引き裂かれながら」やっている姿が印象的でした。たとえば、感染拡大を防ぐためには学校の休校が必要かもしれない、けれど子どもの学ぶ権利は保障されなくてはならないし、給食がなくなったら昼食をとれなくなる子がいるかもしれない。あるいは、高齢者施設を閉鎖してしまったら、認知症の高齢者を抱えた家庭が崩壊してしまうかもしれない……。そのように、何か制約をかけなくてはならないというときには常に、それによって「こぼれ落ちる」かもしれない人の存在を念頭に置いているんです。保坂区長自身も若いころ、「内申書問題」などで学校から排除されたという経験が大きいのでしょう。

そうして「引き裂かれた」状態で、ひたすらシミュレーションを重ねて落とし所を模索し続ける。だからこそ世田谷区は、何をやるにしてもスタートが早かったのだと思います。コロナ対策で注目された首長といえば、吉村洋文大阪府知事や小池百合子東京都知事の名前が挙がるのかもしれませんが、パフォーマンスではなく着実に結果を出したといえる首長は、間違いなく保坂区長だと思います。

若松　私の場合、まず、思い浮かぶのは外国の政治家ですが、ニュージーランドのジャシンダ・アーダーン首相です。コロナ対策を徹底してやったということだけではなく、コロナ危機が浮かび上がらせたさまざまな問題――差別や貧困など、社会の隅に追いやられそうになっている人たちの心の問題にもしっかりと向き合っている。本当に優れたリーダーだと思いました。

あとは、台湾の蔡英文総統も実に見識のある指導者だと感じました。

中島　ニュージーランドも台湾もコロナ対策で一定の成功を収めたといっていいと思いますが、その理由を考えるときに重要だと思うのが、社会心理学者の山岸俊男さんがいう「安心と信頼の違い」です。この二つは、似ているようでいて実はかなり異なる概念なんですね。

これは私なりの解釈ですが、山岸さんは、安心とは「想定外の行為を消した状態にあること」、信頼は「想定外のことが起きても、それを許容できる関係性をもつこと」ととらえているように思います。つまり、「安心」を実現しようとすると、「想定外の行為」が起きないように監視カメラを増やしたりと、社会はどんどん統制型になっていく。「安心社会」といわれるのはこれです。一方「信頼社会」はそれとは違って、突拍子もない「想定外の行為」をする人がいても、「まあ、それほどおかしなことにはならないだろう」という信頼関係があって、そのもとで社会を運営していこうという状態なんですね。

コロナをある程度抑えられた国について見るときには、この二つの分類をしっかりとしておく必要があると思います。たとえば、中国は感染を一時期抑え込んでいましたが、これは「安心型」の典型でした。徹底的なコントロールによってコロナの影響を食い止めようとしたわけです。一方、ニュージーランドや台湾は「信頼型」。国民と政府の間に強い信頼関係があって、国民が「このリーダーなら信頼できる」と感じている。だから強い罰則などを設けなくても、感染の広がりを抑えることができたわけです。
また、ニュージーランドと台湾はトップが一人ですべてを抱えるのではなく、「チーム」で対応しているところも共通していますね。台湾は、蔡総統とともにデジタル担当大臣のオードリー・タンが非常に注目されましたが、彼女たちだけではなくさらに周囲のスタッフを含めたある種の総合体が、国民と強い信頼関係を構築しているというかたちだと思います。

若松　アーダーンも、「チーム」がとても優秀だと聞きます。彼女自身が何か発言するときにも、自分一人ではなく「チーム」を主語にしながら語ることが多い。何かといえば「自分」を主張したがる日本の政治家とは対照的だと感じました。

こうして見てくると、女性のリーダーが非常に目立った一年だったともいえます。何かを攻撃するのでなく、包み、育み、生み出す、あるいは寄り添うといった、よく「母性」といわれるような力が、創造的にはたらいた事例をいくつも見たように思います。

ただ、「母性」という表現はかつてのように無条件に用いるのは適切ではないとも感じています。まず、母性は女性に限定されない。そして、ユングが指摘しているように、必ずしも創造的にのみはたらくわけではありません。全体主義にもある種の母性がある。ですので、今回目撃した「母性」に代わる適切な言葉を模索しています。柔軟な危機対応能力であると同時に創造的でもあるはたらきです。一見すると、弱化するように見える選択が、新しい時代の土壌になる、そうした決断を下す原動力になるものです。

中島　おっしゃるとおりですね。「女性だからいい」ということではないのは、いうまでもありません。

この男性中心主義の世の中で頭角を現していくために、おそらくアーダーンや蔡、あとメルケルなどもそうだと思うのですが、彼女たちはさまざまな苦境を乗り越えてきたはずです。その中で積み重なった痛みが、他者の痛みに対する想像力へとつながっている。それが彼女たちの強みなんだと思うんですね。

一方で、同じ女性であっても、男性中心社会の中でうまく泳いできた人たちも当然いるわけです。小池東京都知事などが典型ですが、そういう人たちは男性以上の父権主義者になってしまうことさえある。その意味で、私が今注目しているのが自民党の稲田朋美衆議院議員です。

彼女はまさに、森喜朗氏のいう「わきまえる女」として男性中心社会を生き抜き、一度は防衛大臣にまでのぼりつめました。しかし、それによって「出すぎた女」と見られたことではしごを外され、服装や言動にまでさんざん文句をつけられた末に辞任することになった。彼女はそれに深く傷つき、マイノリティの人たちに心を寄せるようになったと、インタビューなどで語っています。

それが本当であるなら、今後の彼女には期待したいと思います。ただ同時に、南京大虐殺や日本軍「慰安婦」の存在を否定的に論ずるなどの発言によって、「あなたが傷つけた人たちがたくさんいるでしょう？」といいたい。自分がこれまで、いったい何をしてきたのか。そのことと向き合い、深く内省することなしには、彼女は再生することはできないと思います。

言葉とコトバ

中島　さて、「リーダー」に具わるべき資質として、対談の中でたびたび出てきた重要なキーワードの一つが「言葉とコトバ」です。後半のほうではあまり触れませんでしたが、若松さん、ここまでお話ししてきて改めて感じたことなどはおありでしょうか。

若松　対談で取り上げた人たち、なかでも教皇フランシスコや大平正芳などは、その発言や行動に、常に言葉とコトバが共存している両義的な人物だと感じました。つまり、一つの発言においてもいつも言葉とコトバがある。決して文字にならない意味を表現し得る、ある特殊な能力をもった人たちです。だからこそ私たちも、二人を取り上げた章では、あえて言葉とコトバの違いにふれる必要を感じなかったような気がします。

そしてそれは、彼らが明確に「いのち」を生き、生かそうとする人たちだからだと思います。これも対談で出てきた話ですが、単なる肉体的な命にとどまらない、人間の尊厳などを含み込んだ「いのち」は本質的に両義的な存在で、言葉にだけ変換されることを拒絶する。だから、「いのち」を生きる人は、言葉だけではなくコトバを体現することを、何ものかに強く求められるのだと思うのです。

中島　フランシスコも大平も、発する言葉に非常に重みがありますよね。単なる政治の言葉ではない、ある意味で詩のような言葉であることも共通している。それは彼らの言葉に、コトバが含まれているからなんだと思います。

フランシスコの場合であれば祈る姿、あるいはただ立ち尽くしている姿。そういうもの自体がもっているコトバ性が、彼の言葉には常に含まれている。そして大平の場合は、もっとも重要なのが、演説などの際に前置きのように口にしていた「あー、うー」だったのではないかと思います。

さんざん揶揄《やゆ》された口癖でしたが、彼が「あー、うー」というとき、そこには常に、異なる二つのものに引き裂かれての逡巡や戸惑いがある。「本当にこれをいっていいのか」と、自分の中で反芻して考えていると同時に、神に問うていたんだと思うんですね。だからこそ、その後に続く言葉がいつも見事としかいいようのないものだった。当時の人たちは「あー、うー」を聞いて、いつもいいよどんでいる人だとだけ思っていたかもしれないけれど、生前の大平が話す映像を見ていると、実はそこにこそコトバがあったのではないかという気がするのです。

若松　コトバこそが重みであって、本当は言葉には重みはないんですよね。言葉にあるのは機能です。いわゆる「お役所言葉」や社交辞令が非常に軽く、ほとんど質量ゼロのように感じられるのも自然なことなのだと思います。

たとえば、会話においても、一言「お変わりなくお過ごしですか」といった素朴な、しかし心からの労《いたわ》りやねぎらいがあるのとないのとでは、受けとられ方は全然違いますよね。そうした労りやねぎらいは、多くの人が日常から自然に交わし合っている。その意味では、私たちも言葉とコトバを同時に発するような行為を日常において経験しているわけです。

政治家などのあまりにも「軽い」言葉に私たちが違和感を抱くのは、日常生活に存在している「労り」が消えているからだと思います。もっとも、今の日本の為政者には、コトバ以前の言葉さえも悲しいくらいに足りていないと感じますが……。

中島　本当です。何なんだろうこれは、と思いますね。

昔、うちの祖母が選挙に行って帰ってきたときに、「おばあちゃん、誰に入れてきた？」と聞いたことがあります。祖母の答えは「うん、男前に入れてきた」。その「男前」が、いわゆるハンサムとかイケメンという意味ではないということは、子どもながらにわかりました。祖母は学のある人ではなかったし、細かい政策とかはわからなかったかもしれない。でも、候補者の顔つきや態度から、その人が信頼できるかを判断して、「あの人だったら大丈夫だ」という信頼ベースの投票をしていたんだと思うんです。

吉野作造[*1]が、これとまったく同じことをいっているんですよね。吉野は大正デモクラシーの時代に、政策決定は民衆の意向に沿うべきであるとする「民本主義」を唱えたわけですが、民衆の政治的・知的レベルに対して向けられる疑問や批判に対して、「それ程高い智見を民衆に求むるという必要はない」（『憲政の本義　吉野作造デモクラシー論集』、中公文庫）。冷静に各種の意見を聞き、候補者の人物経歴などを公平に比較し、「いずれが最もよく大事を託するのに足る人物か」（同）を判断するので十分と主張します。政策判断はできないだろうが、人物判断はできる。辻説法をしている政治家をじっと見れば、その人が信頼できるか、一票を投じても大丈夫かの判断はできる。それがデモクラシー、民本主義だというのです。私は大学時代にこれを知り、吉野という人は立派だなあと思いました。

そして、私の祖母も、吉野がいっているのも、「コトバで人を判断する」ということなんだと思います。理論ではなく生活ベースで生きている人間は、そうして「この政治家は大丈夫かどうか」を、人生をかけて判断していた。ところが、それが近ごろは少しおかしくなってきている。うまく判断ができなくなってきてきているのが、コトバを失った今の時代ということなのではないかと思います。

若松　コトバを失うというのは簡単に起こることで、利害の中にのみ込まれていくということなんだと思います。

中島　ああ、そのとおりですね。

若松　たとえば詐欺師がいたとして、本来ならその人の顔をぱっと見て、「あ、この人、まずいな、信用しちゃだめだ」と思えるはずなのに、「一〇〇万円を二カ月で倍にします」といわれたときに、それが見えなくなる。自分にとっての利害が真ん中にあると、コトバを基準にした判断ができなくなる。

先ほどから出ている「安心」も、実は利害になり得る。コロナの問題に表れているように、嘘でもいいから安心させてほしいというのは、利害以外の何ものでもなくて、多くの人がそこにのみ込まれていく。人が利害で動くのは仕方がない、という意見もあるのはわかります。しかし、本当に仕方がないのかはよくよく考えてみないといけないと思います。

フランシスコの章でも話しましたが、今、選挙のときは自分にとってよいことをしてくれる、利益を与えてくれる人に票を入れるという風潮が一般的です。でも、本当にそれでいいのかという疑問を強く感じます。自分が今のところ、どうにか生きていける状況にあるのであれば、自分よりもっと困難な人に寄り添ってくれる政治家に一票を入れようという考え方があってもよい。選挙だけではなく、「自分にとって利益があるから」という理由だけで支持を表明することを続けていると、最終的には自分の足をすくわれる。利害関係はいつも、利用し、利用される関係ですから、当然のことです。

受け手になるときに、利他が始まる

中島　これは「利他」について研究する中で見えてきたことなのですが、私たちは利他というものは、何かを与える瞬間、他者のために何かをやってあげる瞬間に始まると思い込んでいる。でも、たぶん違うんですよね。利他というのは、自分が受け手になったときに始まるんです。

どういうことかというと、たとえば人はある程度の年齢になってから、「今の自分があるのは、中学校のときの先生がこう言ってくれたからだ」などと思ったりすることがありますよね。ところが、実際にその先生に会って「ありがとうございました」とお礼を言うと、先生のほうは「そんなこと、言ったっけ？」と、まったく覚えていなかったりする。

つまり、何十年もたって生徒が「先生の言ってくれたことが、僕にとってとても大きかった」と感じたとき、すなわち受け手が自覚したときに初めて、先生は利他の発信者になるわけです。受けとったときに初めて利他が起動するという、受けとることのほうがある種の能動性をもつ仕組みがここに働いていることは、非常に重要だと思うんですね。

意識して利他の発信者になろうとすることは、逆に「利他の暴力」になる可能性が大きい。「あの人のために」と思ったことが、実はその人を傷つけているというようなことは、よくありますよね。だから、利他の発信者ではなく「よき受け手」になれるかどうかこそが、私たちには問われているのだと思います。

ところが、今はその受け手になるための受信機、センサーみたいなものが、大きく狂ってしまっているのではないでしょうか。橋下徹元大阪市長とか吉村大阪府知事とか、一部の政治家の薄っぺらい言葉にだまされてしまう人が多いのも、だからではないかという気がしています。

若松　聞き手が受けとらなくても、ずっと自分の主張を口にし続ける、そういう政治家があまりに多いので驚きます。対話が成り立たないことに問題を感じないわけです。しかし、これは市民の側にも大きな影響があるのです。市民もまた、政治家の言葉を聞き流すだけで真剣に受け止めなくなっている。さらにいえば、受け止める能力が失われつつある。これは大きな問題だと思います。

では、どう対処すればよいのか、ということになりますが、とても素朴なことなのですが「読む」という行為を深めることだと思うのです。話を聞けないとき、人は読むこともうまくいきません。言葉が頭を素通りするだけで、肚《はら》に落ちない。

私たちは、書き手が書いたときに何かが生まれていると思い込んでいますが、そうではありません。実は読むことによって初めて、書かれた言葉にいのちが宿る。そこに文学や哲学の現場があるのだと思います。

中島　たしかにそうですね。ガンディーが『ギーター』を繰り返し読んでいたこと、大平が中国の古典に親しんでいたことなど、「古典を読む」ということについても何度かお話ししてきましたが、そもそもこの対談においても、私たちが引用してきた言葉のほとんどは過去の、多くは死者の言葉なわけです。私たちが空海の発した言葉、あるいはコトバの受け手になることで、何かが新しく起動し始める。聖武天皇の大仏建立の詔にしても、私たちがそれを受け止めることで、新たな意味をもち始める。この対談を通じて、私たちがやってきたのはそういうことだったんじゃないかと思います。

若松　ウィリアム・ジェームズ[*2]の著作『プラグマティズム』では冒頭に、著述家のギルバート・キース・チェスタトン[*3]の『異端者』を引用して、下宿屋の女将《おかみ》の話を紹介しています。先ほどの吉野作造の話と似ているんですが、下宿させる人をどうやって見定めるか、という話なんです。

つまり、下宿屋は、ある意味で危険と隣合わせの職業で、変な人を下宿させてしまうと、さまざまな被害に遭う可能性がある。じゃあ何で判断するのかというと、その人の「宇宙観(sence of universe)」だという。人を見るということは、その人の宇宙観を見ることだ、というのです。

その人が「古典をもっているかどうか」ということは、この「宇宙観」を決める非常に大きな要素の一つになり得ると思います。何度も読み続けている、ある意味で「読み終わらない」古典をもっているという人は信用できる。なぜならその人は、自分の小ささを自覚している、自分が決して凌駕できない存在が世にあるということを知っているということになるからです。

中島　なるほど。私もよく学生に、読んで「わかった」と思った本はもういらない、という話をします。わからないと思った本をこそ大切に置いておきなさい、わからなかったという手応えをもっておきなさい。今読んでわからなかったから意味がないというのではない。将来、何かにつまずいたときに急に、かつてわからなかったことが「わかる」ときがくる。そのためのインデックスを自分の中にもっておくことが重要なんだ、という話をするんです。

古典というのは、そういう機能をもつものだと思います。わからないと思っても、後でわかるときが来る。あるいは、わかったと思っていても、人生の折々で読み返すと違うものが見えてきたりもする。それが古典の重みだと思うんです。

若松　矛盾して聞こえるかもしれませんが、古典を読むとは、つまり、長くいい伝えられてきた事象に出合い直すということですから、それを実現するのには、必ずしも本を読む必要はありません。デカルトも『方法序説』の中で、自分はあらゆる本を読んできたが、今度は自分を陶冶するために旅に出て、世界という大きな書物を読むんだ、といっています。

つまり「世界という大きな書物」と出合うために私たちは古典をひもとくのであって、本を読まずして、世界のコトバを読んでいる人たちも数多くいるのです。たとえば、石牟礼道子さんが水俣で出会ったのも、まさにそういう、本を読まないけれどまっとうに生きている人たちだった。

石牟礼さんとご一緒させていただく中では、言葉のちからについても多く考えさせられたのですが、言葉の弊害という問題にも直面しました。現代人は文字をよく読めるようになるのと引き換えに、いかにたくさんのものが見えなくなったかを感じることがあったのです。言葉をよく読めるようになった一方で、コトバを感じられなくなったのではないかと思います。

「聖なるもの」を見失った私たち

中島　もう一つ、対談の中では、自分が主格になるのではなく与格になる、意識しないままに何かが「私にやってくる」というあり方についても繰り返し語ってきました。これも、非常に重要なことだと思っています。

たとえば、私は自分で今の容姿を選んだわけではないし、親に感謝はしても自分でその親を選んだわけではないし、日本語を母語としていること、大阪で生まれ育ったことなども、選びとったわけではない。つまり、「私」という存在自体が被贈与的な「与えられたもの」であって、自分の選択、自分を主格としては語れないものなんですよね。むしろ、自分を全部主格で語れたら、恐ろしいことになってくるんです。

哲学者のマイケル・サンデルが、病気やけがの治療以外の目的で遺伝子操作などの医科学技術を用いる「エンハンスメント」によって、何でも自分で操作できるようになったとしたら、そんな社会にはおそらく人は耐えられないだろう、ということを書いています。つまり、背が低いとか容姿がよくないとか、すべてのことについて、「コントロールできるのになぜやらないんだ」と、自分が責任をもたなくてはならなくなる。そういう社会を人間は生きられないだろう、というんですね。

むしろ被贈与性や運、自分が選択できないものによって社会が成り立っているということが、自分とは異なる状況で苦しんでいる人たちへの想像力や謙虚さにつながり、リスクを社会化していこうとする方向性につながる。そういうサンデルの指摘に、私は非常に共感します。すべてを意志をもって選択しているわけではないというところにこそ、人間の本質があると考えたいし、考えないといけないんじゃないかと思うのです。


若松　現代は、聖なるものの存在が見失われた時代だと感じています。人間を超えた存在が失われ、すべてが人間の手でコントロールできると考えられるようになってしまった。そういう社会にいる限り、私たちは、自らの手で自らの社会を破壊し続けることになるんだと思うのです。

気候変動がまさにそうです。誰かが地球を破壊したのではなく、人間が自分で自分のすみかを壊してきた、そして今も壊し続けている。これも、自然が人間にとって聖なる存在ではなくなったことが一番大きいのではないでしょうか。

象徴的だと思ったのが、先日（二〇二一年七月）のメキシコ湾での海底パイプラインの火災事故です。

「海が燃える」という、私たちの言葉を超えた異様な光景の恐ろしさ、それを生み出した人間のおぞましさを見せつけられました。しかし多くの人は、「パイプラインから天然ガスが漏れている」という理由さえわかったら、納得してそれ以上のことは考えない。「海が燃える」ことの恐ろしさが共有できない。あの現象は、これからは燃えないはずの場所でも燃えることがある——、それを予言しているようにすら感じました。

中島　同じ七月には、熱海での土石流被害もありましたね。原因の一つとして、土石流の起点付近に盛り土がなされていたことが指摘されていますが、いろいろと調べてみると、もともと川の水が集中しやすい危険な場所に、建物が密集して建てられていたようです。私たちは、ああした扇状地への「住み方」を忘れてしまっていたのではないでしょうか。

一方で、扇状地の要、ぎりぎりのところにお寺が立っていて、これは今回の土石流でも大きな被害は免れました。このことは、実はとても重要だと思います。空海のところで土木の話をしましたが、現代の自然科学で説明できるようなことを、かつては「野生の思考」で正しく理解している人たちがいた。「空海が錫杖《しやくじよう》を地面に突き刺すと水が湧いてきた」などという伝説も、彼が水のありかを読み解く力をもっていたことの表れなのでしょう。

そして、そうした力を具えた人たちが「ここから奥は、増水しやすいから住んではいけない」という目印となる場所にお寺や神社を建てた。しかし、聖性を軽視する現代の人間にはそういうものが見えなくなっている。聖なる水というものと付き合えなくなっているということなのではないでしょうか。

若松　それは、私たちの目に「空いている」ように見える場所は、実は空いているのではなく「守っている」のかもしれない、という話でもありますね。それなのに、現代の私たちはすぐにそこを「空いている」ことにして何かで埋めてしまう。

これは、土地の話だけではなく私たちの人生にもいえるのではないでしょうか。「空いている」「無駄な」ように見える時間というのは、実は人生に必要な休息の時間でもある。今は「余白」というもの自体がまるで悪のようにもいわれがちだけれど、それをどう創造的にとらえていけるかというのも、今回の対談で見えてきた大事なテーマだったと思います。

中島　大平は、池田内閣で閣僚から外れたとき、それに文句をいうのではなく、黙って家に籠もって本を読み続けました。彼には、余白があったということだと思います。あるいは、ガンディーが毎朝、チャルカーを回したというのもやはり余白ですよね。

若松　そうした人生の余白を発見していくことが今、強く求められているような気がします。

「コロナ前の社会」に戻ってはならない

若松　こうしてお話をしている時点では未知数ですが、今後ワクチンの接種が広がることなどによって、ある程度コロナの危機は収まっていくのかもしれません。外国では一時期、マスク着用義務を撤廃するなどという話も出ていました。日本も、もう少し時間はかかるけれど同様の状況になる可能性はある。

しかしそのとき、そうした社会は以前よりもさらに、弱い人がより傷つく社会になっていくのではないかという気がしてならないのです。さまざまな事情からマスクを外せない人、かつてのような環境では働けない人が出てきます。そうした人たちとの共生ではなく、早く立ち上がれる人間が利益を独占していくという構図が、すでに見えている。それを本当に残念に感じています。

中島　指摘しておかなくてはいけないのは、しばしば「コロナの前の社会に戻りたい」という声を聞くけれど、それはおかしいんじゃないか、ということです。コロナの前から私たちの社会にはさまざまな問題があって、結果として今のような、多くの人が理不尽に苦しむ状況が生まれてきた。それなのに「コロナ前」に戻ってしまったら、また同じことを繰り返してしまう。ただ「戻る」では駄目なんだということは、強調しておきたいと思います。

若松　おっしゃるとおりだと思います。

ここまで「いのちの政治学」と題して対談を重ねてきたわけですが、いのちとは遍在しているものであって、「私の」いのちというものはありません。「いのちの政治学」の前提となるのも、「私のいのちを守る」ことではなく、私とつながるすべてのいのち、そのつながりそのものを守るということでなくてはならないのだと思います。さらに、いのちは時間を超えて過去や未来も包含するものだから、生きている人たちだけではなく亡き人、そして未来の人たちともつながるのが「いのちの政治学」なんですよね。

そして、そのすべてのいのちを生かすために重要なのが「リーダーの選び方」なのだと思います。かつて、ナチスドイツが民衆によってつくられた側面があるように、私たちこそがリーダーをつくっているともいえる。私たちが「リーダーの選び方」を通じて、どんなリーダーをつくっていけるか。それが、これからの未来を決定づけるのではないでしょうか。

註

1
吉野作造
一八七八〜一九三三。政治学者、思想家。宮城県生まれ。東京帝国大学教授。民本主義を唱え、普通選挙の実施や政党内閣制などを主張した。大正デモクラシーの理論的指導者。朝日新聞に入社後、筆禍事件を起こし、退社。『明治文化全集』を編集した。

2
ウィリアム・ジェームズ
一八四二〜一九一〇。アメリカの哲学者、心理学者。プラグマティズムの創始者の一人。ドイツ観念論に対して、アメリカの社会的現実に即した思想を展開した。著書に『宗教的経験の諸相』『プラグマティズム』などがある。

3
ギルバート・キース・チェスタトン
一八七四〜一九三六。イギリスの作家、批評家。詩人として出発し、のちに多くのエッセイ、批評文、小説を発表。評論『異端者』（邦訳『異端者の群れ』）は〇五年の作品。

中島《なかじま》岳志《たけし》

政治学者。1975年大阪府生まれ。東京工業大学リベラルアーツ研究教育院教授、未来の人類研究センター教授を兼任。専門は南アジア地域研究、近代日本政治思想。大阪外国語大学卒業。京都大学大学院博士課程修了。2005年『中村屋のボース インド独立運動と近代日本のアジア主義』にて第5回大佛次郎論壇賞、第17回アジア・太平洋賞を受賞。幅広い評論活動を行っている。著書に『インドの時代―豊かさと苦悩の幕開け』『パール判事 東京裁判批判と絶対平和主義』『「リベラル保守」宣言』『親鸞と日本主義』などがある。

若松《わかまつ》英輔《えいすけ》

批評家・随筆家。1968年新潟県生まれ。東京工業大学リベラルアーツ研究教育院教授、未来の人類研究センター教授を兼任。慶應義塾大学文学部仏文科卒業。2007年「越知保夫とその時代　求道の文学」にて第14回三田文学新人賞評論部門当選。16年『叡知の詩学　小林秀雄と井筒俊彦』にて第2回西脇順三郎学術賞を受賞。18年『詩集　見えない涙』にて第33回詩歌文学館賞を受賞、同年『小林秀雄　美しい花』にて第16回角川財団学芸賞及び、19年に第16回蓮如賞を受賞している。著書に『内村鑑三　悲しみの使徒』『詩と出会う　詩と生きる』『本を読めなくなった人のための読書論』『霧の彼方　須賀敦子』などがある。

初出
集英社ウェブイミダス「いのちの政治学～コロナ後の世界を考える」として連載されました（全一四回、二〇二〇年四月～二一年七月）。
単行本化にあたり、一部、加筆修正しました。終章は、本書が初出です。

装画　ミロコマチコ
装丁・レイアウト　矢萩多聞
構成　仲藤里美

いのちの政《せい》治《じ》学《がく》

リーダーは「コトバ」をもっている

2021年11月10日　第1刷発行

著　者　中島岳志《なかじまたけし》　若松英輔《わかまつえいすけ》

発行者　鈴木晴彦

発行所　株式会社　集英社クリエイティブ
〒101-0051
東京都千代田区神田神保町2-23-1
電話 03-3239-3813

発売所　株式会社　集英社
〒101-8050
東京都千代田区一ツ橋2-5-10
電話 03-3230-6393（販売部・書店専用）
03-3230-6080（読者係）

印刷所　凸版印刷株式会社

製本所　ナショナル製本協同組合

©Takeshi NAKAJIMA, Eisuke WAKAMATSU 2021,
Printed in Japan
ISBN978-4-420-31092-5　C0095
定価はカバーに表示してあります。
本書の一部あるいは全部を無断で複写・複製することは、法律で認められた場合を除き、著作権の侵害となります。また、業者など、読者本人以外による本書のデジタル化は、いかなる場合でも一切認められませんのでご注意下さい。
造本には十分注意しておりますが、印刷・製本など製造上の不備がありましたら、お手数ですが集英社「読者係」までご連絡下さい。古書店、フリマアプリ、オークションサイト等で入手されたものは対応いたしかねますのでご了承下さい。

集英社クリエイティブの単行本

ブラックバイトに騙されるな！

大内裕和
（中京大学教授）

「ブラックバイト」問題の第一人者による解説書。飲食チェーン店から風俗産業まで、若者がはまりやすいブラックバイトのすべてがわかる、コンパクトながら充実した内容の一冊。

四六判 ソフトカバー／208ページ／ISBN978-4-420-31075-8

オウム真理教　偽りの救済

瀬口晴義
（東京新聞記者）

妄想を信じ暴走したオウム真理教。一連の事件の背景と実態、彼らの心のうちに、長年取材してきた東京新聞記者が迫る。フェイクニュースがはびこり、さらに「オウム化」した現代を生き抜くために。

四六判 ソフトカバー／288ページ／ISBN978-4-420-31083-3

白い土地
ルポ 福島「帰還困難区域」とその周辺

三浦英之
（朝日新聞記者、ルポライター）

娘を探し続ける父親。新聞配達を続ける青年。帰還困難区域で厳しい判断を迫られる町長たち……。原発被災地の最前線で生き抜く人々と、住民が帰れない「白い土地」に通い続けたルポライターの物語。

四六判 ハードカバー／260ページ／ISBN978-4-420-31090-1